Liebe Leserinnen und liebe Leser,

ich darf Sie zum finalen Band meiner ENTGEGEN DER ZEIT
– Anthologie sehr herzlich begrüßen.

Auch bei dieser Reise sind wieder literarisch verfasste
Stücke aus dem Leben beinhaltet. Ich freue mich sehr,
diesen letzten Band der Trilogie mit Ihnen teilen zu
dürfen. Wie in den letzten Bänden offengelegt wurde,
schreibe ich einmal tiefgründig, ein anderes Mal ironisch,
oder gar als Songwriter und in der Form des Rap- oder
Sprachgesangs-Genre.

Dies zeichnet mich als Schreiberling aus, denn die Sprache
auf vielartige Versionen kennenzulernen und diese
anwenden zu können und dürfen, befreit mich und mein
Inneres enorm.

Ich wünsche Ihnen viel Freude, eine angenehme, gute
und vielseitige Zeit und Einsicht in dieses literarische
Sammelwerk meiner Schriftstücke.

Herzliche Grüße

Christian Hofmann

© 2020 Christian Hofman
Herstellung und Verlag: BoD – Books on Demand, Norderstedt
ISBN: 978-3-7519-5724-3

Textübersicht

Lautstärke!
paraNEUJAHR – Rein Ins Abenteuer!
Was Bleibt Für Die Ewigkeit
Vermessung Deiner Welt
Wer Spinnt Die Fäden
Folgt Oder Geht
Wir Werden Mehr Sein
Träume Der Lebendigkeit
Diese Stufen
Unvergleichlich Schön
Feuerwerk
Situationsflucht
Wetten Wir Ich Wette Nicht
Klebertran Und Leberstoff
Hin Und Wieder
Am Ende
Zeiger Der Sich Dreht
Wir Reisen Durch Das Leben
Ich Will Zeit
So Weit Das Auge Reicht
Einmal Irgendwann
Der Dicke Mann – Der Nikolaus
Weiße Weihnacht
Zum Geburtstag
In Ruhigen Momenten
Beständig
Gewohnheit
Auf Der Suche Nach Dem Glück
Heimat
Sternenstunde
Lachen Wenn Es Nicht Zum Weinen Reicht

AF220596

Lerne Dich Zu Lieben

Lerne dich zu lieben
So findest du deinen Frieden
Lerne zu schätzen was du besitzt
Doch sei dir bewusst – dass alles im Leben nur geliehen ist
Deine Welt ist nicht die ihre
Keine Zeit mehr zu verlieren

Lebe jetzt
Lebe laut-stark und vergesse den Rest
Lebe heut
Lebe jetzt und vergesse was mal war
Weil es längst geschehen und vergangen ist

Lebe jetzt
Denn was du heute kannst erleben
Kann dir Morgen
Keiner mehr zurückgeben
Lebe jetzt
Schrei es raus
Fühl dich frei und nimm dir
Alles was du brauchst
Deine Welt ist nicht die ihre
In deiner kannst du dich niemals verlieren

Lerne dir zu vertrauen
Und dein Leben wird dir Brücken bauen
Lerne zu schätzen was dir bleibt
Es ist dein bis ans Ende deiner Zeit

Sehnsucht

Innerlich ist da so viel Platz für Neues
Doch es gibt Sehnsüchte die mich einholen
Es scheint als stünde die Zeit fest im Raster
Als würde sie verharren und sich stetig wiederholen

Gehe mit den Sehnsüchten
Und meinem großen Herzen dieser Welt entgegen
Mit Freude mit dem Glauben an meine Ziele
Ich werde keinen Schritt mehr zurücktreten

Dieser Text geht an mich selbst – sei und bleibe dir treu
Konstant und konsequent
Renne nicht davon – stehe zu deiner Meinung
Bleib standfest auch wenn die Luft mal brennt

Dieser Text ist nicht für dich
Nicht für sie oder für ihn – sondern für mich
Trage meine Liebe tief im Herzen
Durch die Sehnsucht – das eigene Herz erhellt das Licht

Dieses Gefühl aktuell ist mir vertraut
Angst und Respekt vor jedem Neubeginn
Ein Gefühl welches ich nun schon so lang kenn
Auch dies legt sich mit der Zeit – so wie der Wind ganz
still

Mauern Des Bewusstseins

Wir sind uns vorher nie begegnet
Doch kennen uns von Anfang an
Das ist das Phänomen
Was nicht jeder sehen und verstehen kann

Wir überschreiten Grenzen
Können uns reflektieren
Wo andere gebunden sind
Beginnen wir zu existieren

Wir bringen Licht ins Dunkel
Laufen uns entgegen
Wir reichen uns die Hand
Fühlen unser Leben
Wir gehen durch die Mauern des Bewusstseins
Wir wissen, dass viel vergeht
Doch bei allem was nicht bleibt
Ist unser Weg der weiter geht

Mitten im Leben, immer voll dabei
Bewegen uns nie am Rand
Mit Sinn, Herz und Gefühl
Immer bei vollem Verstand

Ohne langes Zögern handeln wir
Weil es unser Herz von uns verlangt
Schaffen den Platz in unserer Mitte
Ein hoch auf dich, auf uns – Gott sei's gedankt

Deine Seiten

Wir müssen zu schätzen wissen
Was wir haben
Und zu wissen
Was nicht brauchen

Auf alles
Halb so vielen Wert gelegt
Von allem zu viel
Doch so unnütz zu gebrauchen

Schätze das Leben
Deine Tage, deine guten Taten
Alles was du liebst
Tief im Herzen begraben

Leben lieben
Gehen oder bleiben
Du lebst dein Leben
Du füllst das Buch mit deinen Seiten

Zart beschichtet
Sanft geschlichtet
Mal gewürzt, mal herb
Schwerballast geschichtet

Das Leben
Medaille mit zwei Seiten
Sei immer du selbst
Zu jeder deiner Zeiten

Liebe dein Leben
Liebe dich selbst
Versuch zu ändern
Was dir nicht gefällt

Konzentriere dich
Halt den Fokus auf deine Stärke
Sammele deine Kräfte
Vergiss nie deine Werte

Lebens-Puls

Hier kräht der Hahn morgens um sechs
Verschlafenes Nest
Typisch – so ist das Leben am Dorf
Gähnende Leere, sie zieht von Ort zu Ort

Bürgersteige klappen sich abends um 9 hoch
Nix bewegendes, nix ist los
Um die Häuser ziehen, kennt man nur von Musik
Idylle, ruhiger als ruhig, für manche ein Mosaik

Für mich alles andere als ein Diamant
Weit in die Stadt gerannt
Fühlte mich leer auf dem Land
Fast schon wie ausgebrannt
Mittendrin im Lebens-Puls
Schimmernd und glänzend im Citylight
Träume so groß wie die Wolkenkratzer
Gedanken fern wie – der Blick so weit

Leben am Spüren zu jeder Zeit
Lichter der Stadt, soweit das Auge reicht
So stehe ich nun auf den Dächern der Stadt
Gab nie was Schöneres, bis ich dies gesehen hab

Von hier oben kannst du
Das Leben jederzeit pulsieren sehen
Hier gehen die Lichter schlafen
Wenn die Ersten wieder aufstehen

Leckerteilchen

Der Bauch er ist voll
Der Tag er war toll
Vom Bäcker Leckerteilchen
Schmecker, „Klecker-weilchen"

Apfelstrudel und Zimt
Erdbeerquark mit Sahne gestimmt
Heiße Kirsche mit Waffelteig
Vanillesoße mit Himbeereis

Zu viel Nahrung sperrt das Maul
Magen voll, so wird man faul
Viele, kleine, süße Kalorien
Feinen Speisen kann niemand entfliehen

Ist der Hunger längst gesättigt
Ist das Mäulchen dennoch wässrig
Mandel, Marzipan und Nuss
Nein, der Appetit kennt keinen Schluss

Getreide, Obst, selbst das Gemüse
Diätenwille rutscht zu den Füßen
Geschmack so gut, können es nicht lassen
Beim Bauchweh wieder die Vernunft erfassen

Ella Es La Reina De La Noche (Königin in Schwarz)

Sie trägt zerrissene schwarze Jeans
Pechschwarz ist ihr Haar
Dunkler Mascara bedeckt ihre Augen
So kommt sie in diese Bar im Club del Mar

All die Blicke reißt sie an sich
Doch ihrer bleibt kühl weil er zielgerichtet ist
Mit ihm sitzt sie so gerne da
Hören gemeinsam die Songs – so bleibt es für sie wie es
immer war
Denn leider ist er heute wieder mal nicht da

Sie fühlt den Rhythmus bei jedem Mal im Blut
Schwarze Schönheit sie steht ihr doch so gut
Sie ist und war sein schönster Traum
Bei Sangria und Pina Colada am Strand von de la Cruz –
Tenerife España

Sie strahlt – die schwarze Königin der Nacht
Im jedem lichten Schein
So hübsch und so verführerisch
Doch sie geht jedes Mal alleine heim

Es la reina de la noche
Sie ist die Königin der Nacht
su cabello es negro como la boca del lobo
Tiene un peinado muy elegante.
Pechschwarz ist ihr Haar und wie das einer Königin
gemacht

Zu Viel Süffiges

Der Kopf ist voll
Der Tag war leer
Die Blase platzt
Sie kann nicht mehr

Die Leber streikt
Der Geschmack steht still
Er deutet
Dass er kotzen will

An der Theke
Da bleib ich stehen
Ich kann alles
Nur nicht mehr geradeaus gehen

Prost auf mich
Ich bleibe hier
Sauf auf mich
Das nächste Bier

Deutlich spreche ich ein JAEIN
Zum Alkohol und alles verschwimmt
Die Lichter gehen aus
Ich bleibe hier
Doch eigentlich – ja eigentlich
Sollte ich besser nach Haus

Vollendete Perfektion

Die Definition
Meiner vollendeten Perfektion

Der Weg ist das Ziel
Die vollendete Perfektion wird unerreichbar sein
Weil wir mit jedem Tag
An unserer Perfektion wachsen und reifen

Wir werden reifer und besser
Doch die vollendete Perfektion erreichen wir nie
Weil wir Dinge sehen –
Wir handeln und wir entscheiden

Doch die Veränderungen in uns –
Sie lassen der Perfektion eine grenzenlose Freiheit

Sei Denker
Keine Programmierung
Empfänger und auch Sender
Bei aller Korrespondenz und Integrierung

Sage – rede und schreibe
Deiner Werke Vollmacht
Lösungen und Wege
Alle sie in Anbetracht

An Deinem Himmelszelt

Ich bin ein neuer Stern
An deinem Himmelszelt
Er leuchtet auf und fühlt sich frei
Er ist da als dein Fundament

Wenn du auf ihn baust
Solange du ihn brauchst
Kannst du
Auf ihn auch vertrauen

Er wird leuchten
Für dich in jeder Nacht
Er will dich fröhlich sehen
Und auch wie du lachst
Er will dich begleiten
Durch deine Zeiten
Doch wenn du ihn nicht mehr brauchst
So muss er nicht für immer bleiben

Du sollst frei sein
Und auch frei bleiben
Bin ich auch gern bei dir
Um dich zu begleiten

Ich bin fröhlich und frei
Kann es fühlen kann es zeigen
Können uns gegenseitig stützen
In schweren sowie auch in guten Zeiten

Sonne Kommt

Wie ein heller Blitz
Weit am Horizont
Die Nacht sie schwindet
Bis die Sonne kommt

Sie zieht auf
Hoch bis zum Himmelszelt
Bis übers Land –
Ihr großer Schatten fällt

Die Sonne scheint
Die Sonne wärmt
Sie sendet Licht
Bis es ausschwärmt
In dem Sonnenlicht
Tanzen Blätter durch den Wind
Freudig, bewegend –
So als ob sie vollkommen sind

Die Sonne scheint
Sie scheint übers ganze Land
Wie die Kindesfreude weit verteilt
Die Sonne zieht ihr goldenes Band

Es fühlt sich an wie
Fühlt sich an wie –
Ein Hauch
Ein Hauch von Unendlichkeit

Über Die Freundschaft

Wertvolle Texte – die schönsten Zeilen
Sind entstanden aus meinen besten Zeiten
Jeder von euch trug seinen Teil dazu bei
Erinnerungen die bleiben – geht auch die Zeit vorbei

Die liebsten Grüße – die geilsten Momente
Bleiben in der Seele haften – ich wünsch mir kein Ende
Ein Hoch auf das was war und noch sein wird
Auf unser Leben auf die Geschichten – die Bestand
haben

Ich mach das Fass auf - auf eine geile Zeit
Heben wir die Gläser, Stoßen auf uns an – auf, dass ihr
dabei seid

Goldene Zeiten verkratzt ist der Lack
Doch wir sind immer noch wir
Auf wertvolle Momente – Spuren unseres Lebens
Wir bleiben die – die wir sind
Schön ist der Kreis dieser Freundschaft
Kein einziger Preis ersetzt das Dasein der Bereitschaft
Freunde – Verbündete und Weggefährten auf
demselben Weg
Kein Geld und kein Diamant, ersetzt diesen Wert

Alle die – die jetzt im Raum in der Zeit
Gegenwärtig sind und wahrhaft nah
Was kann es besseres geben – als solche Freunde
Wie euch zu haben

Schuldigkeit

Ich bin dieser Welt nichts schuldig
War ich doch nie und zu keiner Zeit
Danke meinen Eltern – sie waren geduldig
Mein Weg war voller Liebe – doch er war lang und weit

Jetzt bin ich auf einer Reise
Bestimme selbst den Weg und das Ziel
Die große Angst vor dem Scheitern
Dem Gefühl spucke ich heute vor die Füß

Ich bin bereit – meine Zeit
Mein Leben und mein Dasein
Tun was ich wirklich will – höchste Zeit
Ich folge den Wolken und fliege zu den Sternen
Keiner fängt mich ein – es ist meine Zeit

Für mich ist es fremd und ungewohnt
Doch mein Herz will Freiheit – es ist bewohnt
Rückschläge – Niederlagen und Ängste aus vergangen
Tagen
Packe sie am Schopf – ich werde sie zerschlagen

Phantome – Schatten und dunkle Geister
Kopflos und voller Sorgen – suchte nach dem Wegweiser
VIele Echos – ein lauter Schall ich drehe leiser
Angst du Drecksack! Kleiner Hosenscheißer

Herz Dame Liebe Und Rose

Herz Dame Liebe Rose
Bist die Sonne nach dem Regen
Heiligenscheine habe ich nie getragen
Doch du bist mein wahrer Segen

Du bist keine irgendeine
Du bist meine – und zwar nur die Eine
Bist die Liebe meines Lebens dir mir zeigt
Keine Wege die ich lief waren je vergebens

Bist das Wahre in der Wahrheit
Noch klarer als jede Klarheit
Ich renne für dich die Wege – keiner ist für mich zu weit
Ich liebe dich – ich frag mich wie ich es dir beweis

Herz Dame Liebe Rose
Ich will für immer an deiner Seite sein
Ich will, dass du meine Frau wirst und bist und bleibst
Weil durch dich mein Leben vollkommen ist – will
keinen Tag mehr erleben
Der ohne dich verstreicht

Herz Dame Liebe Rose
Bist mein Mädchen bringst mein Eis zum Tau´n
Du hast mich geweckt – du bist die Frau
Aus meinem schönsten Traum

Kein Tag mehr ohne dich
Ist was ich für dich fühle – wenn man von Liebe spricht
Du hast es mir so angetan
Alles wahr doch – ich realisiere es fast echt nicht

Herz Dame Liebe Rose
Rose Liebe Dame – du gehst mir tief ins Herz
Wärmst es mir und heilst mein Inneres
Das vergesse ich dir nie – ich liebe dich
Meine Eine ja für immer nur sie

Mein Kind

Mein Kind was gebe ich dir mit auf deinem Weg
Was kann ich dir lehren
Du wirst Erfahrungen machen mein Kind
Lektionen werden dich belehren

Lerne zu verstehen, wie die Dinge laufen
Eigne dir dein Wissen an
Höre nicht so viel auf andere
Weil du dich in ihnen täuschen kannst

Du hast deine Pflichten
Die dieses Leben dir hier stellt
Du wirst sie erfüllen
Gehe mit Herz und Verstand hinaus in die Welt

Viele Dinge sind so
Unaussprechlich gemein
Versuche etwas daran zu ändern
Das Glück möge dabei deines sein

Sei im Leben zu dir
Und wo es drauf ankommt ehrlich
Doch hüte unter 1000 Mündern deine Zunge
Sonst wird es vielleicht gefährlich

Sei dir selber treu
Sei gerecht zu deiner Welt
Doch wenn man dich mal zwickt
Zwick zurück, weil man sonst ganz schnell fällt

Gebe niemals auf
Kämpfe für deine Träume
Wenn du mal nicht weiterkommst
Vergiss niemals deine Freunde

Lebe dein Leben
Lebe dein Gefühl, lebe es aus
Genieße die Freude, die das Leben schenkt
Stehe immer wieder auf

Warum

Warum begegnen wir täglich neuen Menschen
Warum verändern sich Gefühle
Warum tun einem manche Menschen so besonders gut
Warum geben sie einem wieder neuen Mut

Warum verändern wir uns selbst
Warum ist alles so wie es ist
Warum geht mein Leben gerade diesen Weg
Sag mir doch, ob es irgendwo geschrieben steht

Warum bin ich zurzeit zufrieden
Warum ist es oft in meinem Herzen kalt
Warum habe ich so viele Fragen
Warum suche ich gerade dich, kannst du es mir sagen

Warum gibt es Kriege, warum verhungern Kinder
Warum kommt die Liebe, wenn sie wieder geht
Warum frage ich mich all diese Sachen
Warum nicht die Sachen packen und mich auf den Weg
machen

Warum ist es nicht ewig Sommer
Warum geht's mir gut, wenn ich allein bin und diese
Sachen schreib´
Warum aus welchem Grund
Tut mir vieles in der Seele leid

Wenn Es Wirklich Liebe Ist

Wenn man sich zuvor noch nicht begegnet ist
Doch der erste Blick so anziehend ist
Spricht man nun von Liebe auf den ersten Blick
Ist es real oder eine Täuschung und nur ein Trick
Wenn Blicke sich berühren und sich verführen
Wenn man sich tief in die Augen schaut
Können Herzen dann wirklich sprechen
So wie die Impulse auf unserer Haut

Überwindet Liebe wirklich alles
Kummer – Schatten und schwere Zeiten
Hilft sie uns wieder ins Licht zu geleiten
Wenn es so ist und man es erlebt – kann man es so
beschreiben
Liebe überwindet Mauern
Trifft uns tief in unserer Seele ergreift Herz und
Verstand
Sie kann kommen und sie kann gehen
Doch wenn sie wirklich ist – bleibt sie ein Leben lang

Was ist hier wirklich wichtig
Der Kick – Knutscher oder sanfter Kuss
Füreinander da sein
Oder beginnt hier schon der Schluss
Wenn es wirklich Liebe ist
Dann glaube ich daran
Dass keine Grenze dieser Welt
Einen Schlussstrich ziehen kann

Schief

Schief ist nicht ganz gerade
Nicht gerade ist schon krumm
Regeln Normen Pflichten
Komm wir legen den Schalter um

Sei mal nicht so spießig
Nicht so erwachsen nicht so streng
Wir machen jetzt eine Party
Auf der wir nur so rumhängen

Keine Regeln und keine Pflichten
Wir wollen doch nur leben
Ohne Zeitversetzung oder Schichten
Der Moment, der Augenblick –
Lass uns dieses Gefühl jetzt nicht vernichten
Was daneben geht, können wir später doch noch richten

Mach mal halblang
Bleib mal ruhig – bleib entspannt und hole Luft
Du brauchst den Sauerstoff zum Atmen
Doch wir folgen heut einem süßen Duft

Weit und breit kein Ärger
Weit und breit kein muss
Wir wollen doch nur leben
Bis nichts mehr geht – bis zum Schluss

Mach mal halblang
Bleib geschmeidig – mach dich locker und es dir bequem
Heute ist nirgends
Wo wir noch hingehen

Keine Termine
Keine Hektik – keine Panik bloß kein Stress
Wir wollen doch nur leben
Vom Anfang bis zum Rest

Tassen Im Schrank

Einen Sprung in der Schüssel
Nicht mehr alle Tassen im Schrank
Es fehlen Latten am Zaun

Ein Spiegel der in 1000 Teile bricht
Wie das Pflücken einer Rose
An deren Dornen man sich sticht

Wir sehen alle die Dinge
Mit unseren Augen
Doch jeder von uns sieht etwas anderes
Wir sehen das woran wir glauben

Wir gehen 1000 Wege
Leben doch in unserer eigenen Welt
Die Fantasie die dort regiert und herrscht
Wird nicht bezahlt mit Münzen oder Scheinen
Nein! Von keinem Geld

Warum kommen Gefühle
Wenn sie wieder gehen
Ich lese das Leben
Ohne es doch wirklich zu verstehen

Ich kann das Leben nicht beeinflussen
Das Schicksal lässt sich nicht linken
Also bleibt mir zu leben und zu tun
Was mir die Freude bringe

Ich Schreibe

Poesie – Gedichte
Lyrik – Kurzgeschichte
Widmung, Text, Zitat
Ich schreib' in jedem Format

Die Sprache – das Schreiben
Es ist mein Mittel für all mein Heilen
Narben tief – unter meiner Haut
Die Feder mein Zeichen, lange schon vertraut

Ich schreibe so viel übers Leben
Es hilft mir selbst zu überleben
Die Sprache, das Wort, die Schrift
Mein Medikament, gegen der Welt – scharfes Gift

Wiederhole ich mich auch
In manchen Texten hin und wieder
Es ist wie Musik
Immer wieder zu lesen, wie das Hören vieler Lieder

Mich mit Wörtern auszuleben
Ist für mich ein wirklich wahrer Rausch
Keine Drogen wie Tabletten oder Alkohol
Gegen dass ich dieses Gefühl eintausch!

Einen Tag Verpennt (Erkältungstext)

Ein ganzer Tag verfliegt
An dem ich in den Federn lieg
Ein weiterer Tag verpennt im Leben
Muss ich so hinnehmen

Das war es für heut
Der Tag ist vorbei
Der Nächste er kommt
So wird es sein

Die Stunden verpennt
Schlaf macht gesund
Darum genehmige ich mir
Noch eine weitere Stund

Siehe da es regeneriert
Die Erkältung in den Ecken meines Körpers

Zwischen Husten und Schnupfen
Bronchien und Halsschmerzen
Warte ich auf die Genesung
Sie darf sehr gerne eintreffen

Nightmare Creatures

I walked alone on this empty street,
it was already late and dark.
I must have taken a wrong turn and stepped
into an old trailer park.

I couldn't see anything, but I heard
those strange and fearful screams.
They sounded like from another world,
of nightmares and haunting dreams.

Sing, sing, sing – the monsters seemed to sing.
They laughed and they mocked
Their cold eyes, they shocked
Shocked every living thing

I'd come to this mysterious place,
but I didn't care how or why.
I could not move, could not escape.
But I knew I had to try.

I stumbled into a cornfield
that soon turned into a maze.
A thousand scarecrows stared at me,
and they all sang into my face.

Sing, sing, sing – the scarecrows seemed to sing.
They laughed and they mocked
Their dead eyes, they shocked
Shocked every living thing

I fell to my knees, screamed out loud,
gasped and almost choked.
Something took my breath away,
My resistance almost broke.

One of the monsters came closer.
I knew its pitch-black hair.
The pair of scary green eyes
and the sound that froze the air.

"Ring, ring, ring" - my alarm clock seemed to sing.
I woke from the dead,
and bumped my head.
The monster that sat
on me, was my cat
and I was happy to forget everything.

Try

It's your life
It's your place
Be happy and live
Your lucky days

You are great
Define your fate
Deep inside you
Escape from maze

Always keep on
Always be strong
Always move on
Hear these words, that's your song
Always carry on
You are the pace
'cause the race
Has even begone

GO!!!
Step by step
That is your trip
Do everything
What is undone

Please try, please try
I know the battles and the cry
Please try, please try
I know you get ready, start to fly

Zeit Für Mich

Es ist wieder mal an der Zeit
Mir die Zeit für mich zu nehmen
Wo will ich hin wo ist mein Ziel
Wo stehe ich im Leben

Wenig gehabt mit sehr wenig begonnen
Meinen Mut und den Willen zusammengepackt
Mein Herz gefasst
All den langen Weg auf mich genommen

Heute erzähle ich von Mut und Stärke
Dem eigenen Willen der eigenen Werte
Damals war es Leid, Hass und Schmerz
Dies auf Dauer daran zerbricht ein Herz

Heute wahrlich nicht perfekt
Davon auch verdammt weit weg
Doch ging bereits bis hierher
Über die Scherben und all den Dreck

Ich sammelte alles
Doch vieles war nicht zu gebrauchen
Heute habe ich es begriffen
Ich fange an es einzutauschen

Spürst Du Den Wind

Spürst du den Wind
In deinem Haar
Neuer Tag, neue Chance
Mach alles klar

Da liegt Lebensfreude
Überall in der Luft
Schließe deine Augen
Und atme diesen Duft

Mach es dir selber nicht so schwer
Nimm dir die Zeit und fühle dich
Schalt mal ab, einen Gang zurück
Ich weiß du verstehst mich

Lass die Schnelligkeit
Mal langsam werden
Lass dich mal reibungslos
Wieder fester erden

Luft rein, Brust raus
Luft ein und wieder aus
Wiederhole diese Atemzüge
Und durchbreche allem Kreislauf

Wie Weit

Kennst du das Gefühl, welches dir Schmerzen bereitet
Wenn du nicht einmal mehr weißt, woran du noch
leidest
Kennst du das Gefühl, welches dich in den Wahnsinn
treibt
Wenn du nicht einmal mehr weißt, wie man dieses Wort
noch schreibt

Kennst du das Gefühl, wenn dein Herz nur schwer noch
schlagen will
Wenn du dich manchmal fragst, was noch kommt und
die Gedanken stehen still
Kennst du das Gefühl, aus Angst zu versagen, wenn
Gedanken nur Verzweiflung bringen
Dann nutze deine letzte Chance, denn Glück kann man
nicht erzwingen

Weißt du wovon ich rede, kannst du folgen meinem
Gedanken
Siehst du auch das was ich sehe, wie weit sind sie
gegangen
Wie weit, wie weit –
Wie weit, wie weit

Weißt du was es heißt, ganz allein zu sein, weißt auch du
wie es ist
Wenn man ganz unten liegt
Ja da kommen dann so Fragen wie, hast du etwa im
Leben nicht
Deine Kurve gekriegt

Wenn der Schmerz im Herz, an deiner Seele frisst
Sag wovor hast du noch Angst, wenn man dich vergisst
Einsam deines Weges, wo niemand zu dir hält
Musst du selbst der Funken sein, sei das Licht, dass dich
erhellt

Der Geschlagene Sieger

Wir lassen andere Menschen
Unseren Wert bestimmen
Warum wollen wir respektiert werden
Für die Dinge, die wir tun?

Warum bin ich so versessen auf Erfolge?
Das alles wird mir am Ende nichts bringen.
Warum laufe ich in alles blind hinein
Obwohl ich alles klar sehe?

Warum ist es alles so kompliziert?
Warum ist es alles so wie es ist?
Erfolg alleine macht nicht glücklich!
Geld und Ruhm allein können nicht bewirken
Dass du zufrieden bist!

Ich weiß du bist da und sagst
 "Was ich habe und was ich bin genügt dir"
Doch irgendwie scheint es mir
Als fehle mir etwas.

Man hat doch so viele Träume
Wünsche und Ziele
Aber mit ihnen verbunden sind
Bedauern, Sorge und Leere

Neues Jahr (Jahreswechsel)

Wieder mal geht ein Jahr vorüber
Und ein neues steht vor mir
Ich lege die Gewohnheit ab
Und öffne eine neue Tür

Ich sehe schon viele von mir gehen
Nur wenige bleiben hier
Viel gegeben – nix gekriegt
Damit ist jetzt Schluss bei mir

Ich habe noch nicht
Nein noch lange nicht genug
Willkommen neues Jahr
Ich habe noch nicht genug

Ich sehe schon manche davonlaufen
Und tschüss, ja macht es gut
Ich bin keine Mülltonne mehr
Nicht da, für Schrott und Schutt

Ich habe noch nicht
Ja wirklich nicht, noch lange nicht genug
Heiße dich willkommen neues Jahr
Ich habe noch nicht genug!

Der Fuchs Und Der Hase

Der Fuchs im Walde war auf Jagd
Er sah den Hasen hoppeln
Auf dessen Rücken riesiges Gepäck
Der Fuchs er lief war nicht zu stoppen

So lief der Fuchs dem Hasen hinterher den ganzen Tag
Er beobachtete ihn und dachte
Was der Hase wohl alles sammelte und in seinen
Rucksack nahm

Der Fuchs so listig wie er ist
Gemein doch entschlossen und sehr helle
Dachte er sich doch
Den Hasen habe ich doch auf die Schnelle
So ließ der Fuchs den Hasen weilen
Sein Mäulein sabberte sich schon ein
So sagte sich der Fuchs – ich stoppe nun sein Treiben
Ich fange den Hasen nun endlich ein

Als der Fuchs geschwind zum Hasen geeilt
Wurden seine Augen mächtig groß
Er sah den Inhalt des Hasen Sackes
Da waren Eier drin so viele bunt und riesig groß

Voller Furcht und Kulleraugen
Machte sich der Fuchs in Windeseile auf
Ja mit so einem Osterhasen auf Eiersuche
Mit dem nimmt nicht einmal ein Fuchs es auf

Lautstärke!

Wir machen die Nächte zu Tagen
Lass sie über Lautstärke klagen
Macht krach!
Macht krach!
Macht krach!
Macht krach!

Wir erleben unvergessliche Tage
Machen die Zeit zum Untertanen
Machen wir krach!
Macht krach!
Macht krach!
Macht krach!
Macht krach!

Macht krach!
Wir machen die Nächte zu Tagen
Lass sie über Lautstärke klagen
Bis zu den Sternen am Polar
Hört man uns von hier, wunderbar

Machen wir krach!
Macht krach!
Macht krach!
Macht krach!
Macht krach!

Macht krach!

Wir machen die Nächte zu unseren Tagen
Erschlagen Kummer, Sorgen und Klagen
Kommt den Leuten das Kotzen
Ist etwas im Argen, wir liegen schwer im Magen

Macht krach!
Macht krach!
Macht krach!

paraNEUJAHR – Rein Ins Abenteuer!

Da steht ein neues Jahr
Ganz groß vor meiner Tür
Special Effects – Lightningshow
Auch der Rhythmus gefällt mir

Meine Chance für das was kommt
It´s my own universe
Parallel Welt die sich mit meiner gleicht
Paranormal it´s lika a curse

Es wird wild – ja es wird laut
Den Weg dorthin habe ich gebaut
Lange nur geträumt
Und dem Leben zugeschaut

Meine Chance für das was kommt
paraNeujahr
paraNeujahr
ja hier geht's ab – machen wir ein Feuer

Unsere Chance für das was kommt
paraNeujahr
paraNeujahr
kommt mit mir ins Abenteuer

paraNeujahr
paraNeujahr
Rein ins Abenteuer
P-A-R-A-N-E-U-J-A-H-R

Was Bleibt Für Die Ewigkeit

Und so komme ich zu diesen Zeilen
Ich komme nicht drum rum – sie aufzuschreiben
So tief im Grunde meines Seins
Ohne Frucht – ohne Angst und ohne Stumpfsinn

Ich weiß – wenn ich dies für mich behalte
Erreiche ich euch nicht – also trage ich es nach außen
Ich lasse nichts – aber auch wirklich nichts bei mir
Und nichts nur in mir drin

Die eigene Persönlichkeit
Die Schätzung des eigenen Wertes
Die Anerkennung was du tust und verrichtest
Die Vollendung deines eigenen Werkes

Es ist so vortrefflich – die Teile von dir
Die du lebst und fühlst und teilst
Alles was wir hinterlassen ist lebendig für immer
Es bleibt ein Teil unserer Unsterblichkeit
Zu unserer Erinnerung – in der ganzen Zeit-
Unendlichkeit

Teile der Welt mit was dich bewegt und was du fühlst
Trage den Stolz in dir für die Dinge wo du sagtest
Schaffe ich nicht – war der Weg auf dem ich gehe
Heute sage ich auf dem ich ging
Weil ich Mut und Kraft fand – weil ich alles schaffe
Wenn ich es wirklich will

Keine Angst und keine Furcht – nichts mehr was mich
einengt
Nur viel Liebe im Herzen und viel Freude im Leib – die
alle Ketten wegsprengt
Fühl dich frei – leb dich aus und drücke dich aus
Sei lebendig hier auf Erden – denn lebendig kommt in
diesem Leben niemand raus

Vermessung Deiner Welt

Die grenzenlose Weite
Dieser großen Welt
Bleibt nur die Vermessung von ihr
Fast für jeden von uns selbst

1000 Schritte
Es gibt so viele Wege
Manchen wirst du folgen
Doch auch neue wirst du ebnen

Du bist am Mittelpunkt
Universum deiner Erde
Paralleles Lebensfeld
Limbus, Zwielicht, Staub und Scherbe

Schattengeiser und gar
Dämonen und Phantome
Molekulare und Biogenetik
Entstehung einzelner Atome

Erzengel und
Des Teufels Unterfangen
Gottes Liebe ohne Furcht
Wo hat es alles angefangen

Das Paradies es ist an
Heiligen und geheimen Orten
Irgendwo im Weltraum
Vielleicht ging es verloren

Alles verstrickt im Strudel
Zwischen dem Schein und dem Sein
Adam und Eva, Maria und Josef
Jesu Christi, Abel und Kain

Arche Noah und heilige Schriften
Verankert in den Weltreligionen
Ist unser Leben hier, nur eine
Vieler anderer Stationen

Wer Spinnt Die Fäden

Wer spinnt die Fäden
Wer bestimmt die Zeit
Gibt es einen Schalter der bestimmt
Wann es regnet oder wann es schneit

Wer spinnt hier die Fäden
Frage ich selbst zu viel
Was trage ich durchs Leben
Verstand oder Gefühl

Wer leitet mich durch den Tag
Wer führt mich zu mir
Bin ich es denn selbst
Warum schreibe ich dies hier

Woran denke ich bei Glück
Was fühle ich beim Tod
Genieße ich jeden Morgen
Bis zum Abendrot

Liebe ich das Leben
Schätze ich meine Zeit
Alles ist vergänglich
Zukunft Gegenwart Vergangenheit

Ein neues Jahr das kommt
Ein altes Jahr das weicht
Wie sehr wir etwas halten wollen
Doch alles hier verstreicht

Folgt Oder Geht

Höhenrausch
Geiersturzflug
Graustufen
Schwarz ist bunt genug

Binsenweisheit
Mit dem Löffel essen
Gier und Macht
Nix bestellt doch satt gefressen

Fleißig wird Moral gepredigt
Faules Leben – Amen sagen doch Teufel anbeten
Das Gute wollen und das Böse kriegen
Bomben fallen Zeit zu fliegen

Frieden auf dem Blatt Papier
Was uns nicht betrifft soll nicht interessieren
Hungertode – Kinderarmut und Kriegsgebiete
Der Drahtzieher Fressen voller Hämorrhoiden

Armut und Elend
Hoch hinaus
Sterne fallen
Lichter gehen aus

Wir sind der Preis
Der hier bezahlt
Für die verdorbene
Missglückte Saat

Brot und Spiele
Uns Götter schaffen
Lass dich nicht kaufen
Keine Hülle aus dir machen

Religion und Politik
Irgendwer bezahlt
Geile Show – gute Regie
Vom Vaterstaat

Wir Werden Mehr Sein

Du und ich können noch so viel erreichen
Sind fast wie aus demselben Holz
Kämpfen für unsere Überzeugung
Tragen Liebe in uns auch Mut und Stolz

Reiten beide auf der gleichen Welle
Wollen wieder laufen, wenn wir liegen an Ort und Stelle
Wir stehen immer wieder auf
So wie die Sonne – auch sie nimmt ihren Lauf

Schattenkinder auf dem Weg zur Sonne
Wir leuchten im Dunkeln mit den Sternen
Bringen aller Kälte die Geborgenheit
Uns die Liebe und ins Herz die Wärme

Wir werden mehr sein wir werden es sein
Ab geht es in den Liebeshimmel rein
Wir hielten füreinander die Plätze frei
Jetzt sind wir nicht mehr allein – wir werden noch so viel
mehr sein

Wir werden mehr sein wir werden es sein
Du für dich und ich für mich
Wir gehen Seite an Seite und heben ab
Wir fliegen du und ich wir werden mehr sein

Träume Der Lebendigkeit

Träume tragen uns durchs Leben
Sie lassen uns atmen und nach vorne sehen
Wo auch immer wir sind – wer wir waren
Und wo wir auch hingehen

Träume tragen uns durch den Sturm der Zeit
Verlaufen sich auch manche nur im Sand
Verlieren wir sie doch nie in uns
Denn sie schaffen uns immer wieder neues Land

Träume beflügeln uns in jenen Zeiten
Sind da bei Tag und Nacht – weil sie uns begleiten
Sie bringen uns die Hoffnung ein
Verlieren wir mal Glückes Mut und sind allein

Unsere Träume verlassen uns nie
Verblassen auch nicht mit der Zeit
Denn sie sind so farbenfroh
Werden erhalten von Lebendigkeit

Egal wie fern und wie weit
Zum Träumen finden wir die Zeit
ob allein – in ruhigen Momenten
Oder in liebevoller Zweisamkeit

Diese Stufen

Lange, lange ist es her
Und vor sehr langer Zeit
Nahm ich Abschied von all dem
Was war in der Vergangenheit

Hin und wieder
Lese ich Songtexte und höre Lieder
Dann kommt alles Stück für Stück
Wenn auch ungewollt, doch wieder zurück

Gelegentlich belaufe ich
Wieder diese Stufen
Eine Treppe der Vertrautheit
Als würde sie mich rufen

Diese Treppe so vertraut
Nun wackelig, doch eigentlich stabil gebaut
Das Geländer noch immer am Gerüst
Doch trotzdem erkenne, ich brauch es nicht

Diese Treppe auf der ich ging
So viele Tage in den Jahren ein und aus
Wie ein gut gebauter Käfig
So umgab mich diese Gegend und das Haus

Nun spaziere ich durch diese Welt
Weiß auch um dies zu tun, da brauche ich Geld
Doch die Welt sie wurde mir zum Freund
Ganz ähnlich wie ich von ihr, hat sie von mir geträumt

Die Sehnsucht nach entferntem Land
Ließ den Staub aufwirbeln und manches Feuer hat
gebrannt
Die Zuversicht lag in der Luft, ich atmete sie ein
Mehr als nun vertraut, trotzdem ruft mich die Treppe
doch oft heim

Hin und wieder
Höre ich leise manche Lieder
Weiß sie tragen Message von altbekannten Dingen
Und verstehe es nun so, dass die Stufen heute anders
klingen

Unvergleichlichschön

Pack deine Träume in die Koffer
Rosa Sand und Sternenstaub
Atme Freiheit ein und Zwänge aus
Lebe Kunst – gestalte dich und bau dir ein zu Hause auf

Fliege hinein ins Farbenmeer
Versprühe deine Freude und lebe deinen Puls
Wir feiern dieses Leben
Strahlen Freude aus und trinken auf uns

Wir ecken hier oft im Leben an
Denn es läuft hier nicht ganz rund
Jeder von uns ist einzigartig – ein Puzzleteil
Im Gesamtbild unvergleichlich schön und bunt

Lebe frei – laut und wild
Doch verletzte dich und andere nicht
Sei kein Gesetz und sei nicht spießig
Sei Vorbild und zeige, dass alles möglich ist

Und ich träume mich weit fort
Einfach nur weit weg zu sein
Ich beseitige meinen Seelenschrott
Und mach mein Inneres wieder rein

Ich bin innerlich so unruhig
Weil ich will was ich nicht tu
Ich tu was ich nicht will
Darum finde ich auch keine Ruh

Bevor gar nichts geht
Dann geh du selbst
Bevor sich nichts vom Fleck bewegt
Dreh dich um dich selbst

Feuerwerk

Nicht ganz getroffen
Nur schief gezielt
Seifenblasen platzen
Träume explodieren

Schau auf das Feuerwerk
Wie es den Horizont verziert

Lebe deine Farben
Sei ein Spektakel
Sei das Wesen
Aus einer Fabel

Fang an
Umzudenken
Sei die Richtung
In die – die Sterne lenken

Gerade noch die Kurve gekriegt
Aus dem Mist erhebe ich mich
Viel ist übrig
Was nicht mehr zu gebrauchen ist

Frühaufwacher - Spätaufsteher
Kaffeetrinker – Nachtausgeher
Viel Zeit verbraucht, wenig über
Ab ins Bett und die Decke drüber

Situationsflucht

Reiß ich heute Bäume aus
Oder mir ein Haar
Ein kleines scheußlich – gräuliches
Denn so eins ist da

Renne ich heute
Mit meinem Kopf durch die Wand
Oder reiche ich dem Chaos
Ganz friedlich meine Hand

Lauf ich gegen Mauern
Und gegen alles was mich stört
Tu ich einfach so –
Als hätten meine Ohren nichts gehört
Mit offenen Augen
Geschlossen durch den Tag
Vielleicht trifft mich der Blitz
Und ich krieg einen Schlag

Es ist eine sternenklare Nacht
Feuer tief in mir entfacht
Hohe Flammen steigen hinauf
Sternenbahnen und Wünsche nehmen ihren Lauf

In jeder Minute
Werden neue Träume geträumt und gemalt
In jedem Moment
Entsteht ein Teil der Hoffnung wie neu gebrannt

Wetten Wir Ich Wette Nicht

Schlecht geht's mir gar nicht mal so gut
Wenig Lust habe ich heute reichlich viel
Nichts läuft nach Plan
Mir brummelt es im Bauchgefühl

Eine vergrößerte Kleinigkeit
Eine monotone Vielfältigkeit
Habe keinen Hunger doch kann ständig essen
Davon auch nicht viel nur reichlich und gut

Nicht sinngemäß danke ich dir
Der Sinn ist los das merke ich mir
Spreng die Ketten – schütte Kies in die Betten
Wetten wir ich wette nicht – darauf kannst du wetten

Der Duft der Luft ist erträglich pfade
Trinken ohne Durst – das wird ein Saufgelage
Der Hintern ist wund und tobt
Der Kater ist vertraut und das Reihern gut erprobt

Klebertran Und Leberstoff

Dosenfett und Rosenspeck
Kragenspieß und Schaumstoffdreck
Wachsgewächs und Blaubeerzimt
Die und das und Aschenwind

Käsebraten und Traubenspieß
Königsscharren und Frittenkies
Motivator – Koordinator
Superhirn – Krassgenie und Alligator

Blutpäckchen Pupsbäckchen
Rotkäppchen Pissläppchen
Vitamine auf schiefer Schiene
Bergruine und dunkle Mine

Klebertran und Leberstoff
Pausenstrauß und Elefantenklo
Ergibt alles keinen Sinn ich weiß
Doch es muss halt so

Spinnenarm und Netzwerfgeschoss
Armer Prinz – reicher Tölpel – Ghettoschloss
Bolzenkappe – Schokostöpsel – Füllerriegel
Zeit zum Umgestalten – lauf zum Start vergiss das Zielen

Hin Und Wieder

Wer einmal zu lange wartet
Hat zweimal länger Pech
Wer beim dritten Mal nicht startet
Bekommt als Vierter nur den Rest

Wer einmal etwas verpennt
Hat zweimal aufzustehen
Wer beim dritten Mal nicht rennt
Braucht als Vierter nur noch gehen

Wer einmal übers Ziel hinaus schießt
War zu schnell im Rennen
Wer müde ist und gähnt
Sollte gehen und noch eine Runde pennen

Das Gute und das Böse
Daraus besteht das Leben
Hast genommen und gegeben
Getroffen und daneben getreten

Das Gute und das Böse
So besagt es die Regel
Sitzen hin und wieder mal
Unter demselben Segel

Am Ende

Welche Bedeutung haben Worte und Zeilen
Dich ich einst verfasst habe doch nicht mehr fühlen kann
Komm ich am Ende eines langen Weges –
Dessen Beginn mal scheinbar schön war voll und ganz an

Wenn die Zeit die war – nicht mehr dieselbe ist
Sondern nur noch die Erinnerung ohne jeglichen Wert
Die Bilder sich verfärben und verblassen
Wenn ich doch nie wieder auf den Weg mehr
zurückkehr

Ich will vergessen und mir vergeben
Für meine Fehlschläge für mein Desaster in meinem
Leben
Ich lebe nun – genau jetzt in diesem Augenblick
Halte das Gute fest und ich schaue nicht mehr zurück

Alles geschrieben aus jener Zeit nicht aufgehört
Versucht, zerlegt oder gehadert bis die letzte Wunde
heilt
Finde ich den Weg zu mir folge ich mir bis hier
Durch die dunklen Nächte bis zum hellen Tage – allem
weit enteilt

Gestern ist Vergangenheit darum lebe heute
Genieße den Moment alles was gerade ist und bleibt
Lass wenn es sein muss Tränen fließen
Wenn du glücklich bist und lebst – zeig deine
Dankbarkeit

Neue Tage kommen und beginnen
Werden wahrgenommen mit allem was wir fühlen
Mit unseren ganzen Sinnen

Jeder Tag ein neues Leben
Verzeihe mir selbst habe mir vergeben
Für meine Fehler - die Fehlschläge
Auf all meinen Wegen

Und wenn ich eines Tages gehe – seht mir nicht im
Bösen nach
Wir alle machen hier mal Fehler ich wollte niemals
jemandem schaden
Daran habe ich nie gedacht

Zeiger Der Sich Dreht

Ich habe daran gedacht
Dass die Zeit nie mehr vergeht
Ich habe daran geglaubt
Dass der Zeiger nicht sich nicht mehr dreht

Habe so viel vermasselt
Bis ich im Leben ganz unten lag
Trotzdem denke ich so gern zurück
An so manchen einzelnen Tag

Alles was mir so grau erschien
Hatte einen blauen Schein
Tage die vergingen
Sind nur noch wie getrunkener Wein

Manche Tage, sie waren bitter
Doch ich fühlte mich so frei
Ja – alles geht zu Ende
Ich schließe sie in mir ein

Ich dachte, dass mein Leben
Plötzlich ganz still steht
Doch es war die Uhr des Lebens
Der Zeiger der sich dreht

Ich suchte das Geheimnis
Des Lebens große Frage
Eine wirklich schöne Zeit
Die ich für immer im Herzen trage

Was auch alles ich noch versuch
Und geht auch alles schief
Dann denke ich zurück
An die all die Tage wo es lief

Wir Reisen Durch Das Leben

Wintertraum
Eine eisige Zeit und Schneeflocken weiß
Selbst der Winter ist erträglich
Mit dir an meiner Seite so soll es bleiben

Frühlingserwachen
Die Welt erwacht aus tiefem Schlaf
Wolken verziehen sich nach und nach
Mit dir werde ich Neues schaffen

Sonnenschein
Blühende Wiesen und Blumen sprießen
So ist mein Leben mit dir
Und ohne dich soll es nicht mehr sein

Herbstbeginn
Die Blätter fallen vom Baum
Doch du bist bei mir ein wahrer Traum
Du bist für meine Liebe bestimmt

Wir reisen durch unser Leben
Lassen weder Raum und Zeit dabei aus
Ob gemeinsam durch Sonne oder Regen
Ohne dich sieht das Bild – nach keinem mehr aus
Wir gehen gemeinsam durch die Zeit
Wenn auch mal getrennt doch immer vereint
Mein Herz ist was nach dir ruft
So ist es – seit ich dich habe für immer und die Ewigkeit
das Reihern gut erprobt

Ich Will Zeit

Ich will Zeit
Verlust von Geschwindigkeit
Bremsen
So – dass etwas bleibt

Ich will wieder mal Zeit
Für mich ganz allein
Schwierig
Dabei kann es doch so einfach sein

Ich möchte bitte Zeit
Beschleunigung verringern
Bremsen
So – dass der Moment noch etwas bleibt

Bitte Leben schenk mir Zeit
So dass genug mir, von ihr
Jetzt und dann
Zum Genießen noch übrig bleibt

Zeit
Oh du wunderschöne Zeit
Jeder möchte so viel von dir
Doch dich zu schätzen, es niemand weiß
Zeit
Du wertvolle und unsichtbare Konstante
Du tickst so leise vor dich hin
Begleitest uns doch oft nur so am Rande

So Weit Das Auge Reicht

Wo bin ich zu Hause
Wo bin ich wirklich frei
Die Frage an das Leben
Antwort so weit wie das Auge reicht

Wo ist meine Heimat
Worauf habe ich gebaut
Diese Frage stelle ich meinem Herzen
Es sagt auf all das worauf du vertraust

Eigentlich bin ich doch leer
Bei allem was ich schrieb bisher
Doch Gedankengänge und Wortspielerei
Bin süchtig nach dieser Schreiberei
Ich sehe und fühle dieses Leben
So weit wie mein Auge reicht
So lange mein Weg auch noch geht
Geschichten die mein Leben schreibt

Während ich dies schreibe
Zieht die Zeit an mir vorbei
Manchmal sanft und leicht wie eine Feder
Ein anderes Mal so schwer wie Blei

Neue Ziele neue Richtung
Wie prinzipiell in jedem neuen Jahr
Abrechnung und Vergleichsaufstellung
Was ist Traum was der Plan und was ist wahr

Einmal Irgendwann

Die Zeit sie läuft der Zeiger tickt
Es rückt näher
Der Tag vergeht die Nacht sie kommt
Wir vergessen immer schneller und ja auch immer mehr

Erinnern wir uns noch was alles bisher
Im Leben mal gewesen ist
Macht es uns etwas aus, wenn ein Teil
Von uns vergessen ist

Wir leben heute reiften von damals
Stetig mit der Zeit
Wir lernten aus dem was war was ging
Alles schluckt die Vergangenheit
Die Zeit holt sich alles was sie
Davontragen kann
Und wir erinnern uns Stück für Stück
An alles einmal irgendwann

Fängt irgendwann im Leben
Das Leben noch einmal von vorne an
Man hängt an Träumen und Zielen
Diese vergisst man zu keiner Zeit
Denn sie halten ein Leben lang
Träume halten ihre Treue
In jedem Moment in jeder Lebenssituation
Träume enden erst
Bei der letzten Lebensstation

Der Dicke Mann – Der Nikolaus

In der kalten Dezembernacht zum 6.
Schlich sich der Junge dem Kamin ganz heimlich an
Alles was er sehen wollte
War der Wunsch vom Weihnachtsmann

Da stand er da
Im roten Mantel an der Gefriertruhe
Da dachte sich der Junge sich seltsam
Was sucht er dort und dann noch ohne Schuhe

Der Junge blieb ganz ruhig und still
Dachte die Geschenke legt er sicher ab
Doch der dicke Mann an der Truhe
Bediente sich und legte Hähnchenkeulen ab

Langsam aber sicher
Wurde der Junge ungeduldig
Er brüllte den Mann im Mantel an
Das ist Diebstahl! So wurde der Nikolaus beschuldigt

Zu allem Schreck
Fiel dem dicken Mann der Deckel auf den Schädel
Und trat vor Kälte auf dem Parkett
In offenstehende Nägel

Der Junge er musste lachen
Was für ein Weihnachtsmann in unserm Haus
Als der Deckel wieder aufging
Stellte sich der dicke Mann – der Nikolaus als des Jungen
Vater heraus

Fast hätte der Vater dem Jungen den Glauben an den
Weihnachtsmann geraubt
Doch bevor er sich rechtzeitig umziehen konnte
Hat er ihn davon überzeugt – der Weihnachtsmann er
kommt noch
Der Junge war beruhigt und hat es ihm geglaubt

Weiße Weihnacht

Wintertraum Dezember – weiße Weihnacht
So wie es früher einmal war
Die Freude, dass das Christkind kommt
Auf die Geschenke – all das war mal da

Heute keine Spur von weißer Weihnacht
Verzaubert ist längst nicht mehr diese Zeit
Erinnerung und Träume
Ist alles was von der Zeit so übrig bleibt

Alles wog in Sicherheit
In Wärme und Geborgenheit
Die Familie – die Liebsten waren da
Früher waren Winterträume wirklich wahr

Alles im Leben es vergeht
Die Zeit ist was niemals steht
Träume kommen und Träume gehen
Manche werden vergessen manche kann man
wiedersehen

Draußen ist es alles so grau und so trist
Kein Schnee nur Kälte kein warmes Licht
Die Weihnacht ist nur tief im Herzen rein
Bei Dunkelheit erhellt der Kerzenschein

Ich brauche keine Geschenke
Auch kein Geld ohne Ende
Ich wünsche nur etwas das bleibt
In aller Hektik dieser Schnelllebigkeit

Kein Traum kann doch zu groß sein
Um zu finden die Erfüllung tief im Herzen
Wie eine letzte Flamme im Wind
Wie der süße Weihnachtsduft der Kerzen

Zum Geburtstag

Ich wünsche dir Flügel die dich tragen
Der Weg der dich Richtung Hoffnung führt
Ich wünsche dir alles Glück der Welt
Dass die Liebe dich begleitet und jederzeit
Dein Herz verzaubert und berührt

Ich wünsche dir Engel auf deiner Reise
Die dich bewachen über den Tag so wie in der Nacht
Ich wünsche dir Freude in deinem Leben
Dass dein Herz und deine Seele wahrhaft und ehrlich
lacht

Ich wünsche dir Sonne – die immer steht am Horizont
Und deinen Blick auf das weite Meer
Ich wünsche dir so sehr Flügel die dich tragen
Zu deinen Träumen und noch weiter zu viel mehr

Ich wünsche dir von Herzen alles Gute
Liebe und Gesundheit sowie Zufriedenheit
Ich wünsche mir – dass du glücklich bist
Während deiner ganzen Lebenszeit

In Ruhigen Momenten

In ruhigen Minuten
Nimmst du dir die Zeit
Blickst zurück auf all das Geschehene
Gegenwart – was vor dir liegt und Vergangenheit

Du vergleichst Erlebnisse mit Träumen
Bist ständig auf der Suche
Auf der Suche aus der Angst
So vieles zu versäumen

Das ist die Abrechnung des Lebens
Ein Schatten deiner selbst
Vielleicht die Panik vor dem nicht mehr Aufstehen
Wenn du mal zu Boden fällst

Mach dir nichts vor
Das Leben ist hier
Allgegenwärtig
Immer bei dir

Musst es nur nehmen
Musst es begreifen
Gehe geradlinig vor
Drehe keine Schleifen

Drehe nicht im Kreis
Drehe nicht am Rad
Nutze den Augenblick
An jedem neuen Tag

Manchmal liebst du das Leben in Sicherheit
Manchmal ist da „Bock" auf Risiko
Ganz gleich wie handelst – stehe dafür ein
Denn die Konsequenz mein Freund – diese trägst du

Du vermisst nicht was bei dir ist
Da ist die Sehnsucht nach etwas Neuem
Doch bleibe dir treu
Sei wer immer du auch bist
In ruhigen Minuten
Schätzt du deine Zeit
Gespannt wartest du
Was hält sie für dich noch bereit

Beständig

Gedanken schweifen – Bilder kreisen
Alles bewegt sich nur ich mich nicht vom Fleck
Träume noch verpackt in Schleifen
Es lockern sich die Wolkenzweifel doch in mir
Ist alles grau und nebelbedeckt

Wo geht es hin und wo geht es raus
Wo sieht es so – wie ich es mir wünsche
Denn bloß aus
Die Wege so weit und die Schritte so lang
Wo ist der Anfang und wo geht es lang

Wo ist das Ziel
Welcher Weg noch wie weit
Tränen Kummer und Sorgen
Leid hatte ich genug zu meiner Zeit

Wo ist der nächste Hoffnungsschimmer
Liegt er im Raum etwa hier im Zimmer
Was hält an und was geht
Sag mir was bleibt für immer

Kontostände ändern sich
Nach dem Regen folgt das Licht
Nichts ist ewig – es bleibt nur lebenslänglich
Vieles ist vergänglich – sag mir was ist beständig

Gewohnheit

Pass auf dich
Sowie auch, auf dein Leben auf
Wir werden getrieben unter Leistungsdruck

Vergessen alles rund um uns
Aus der Flasche fällt der nächste Tropfen
Wieder etwas Zeit geschluckt

Wege zum Erfolg und zum Ziel
Bei denen kann man einsam werden oder sein
Wieder einmal schaut bei all dem Trott
Die Gefahr zu der Gewohnheit rein

Bitte lass mich den Blick zur Sonne wahren
Bitte lass mich nicht vom Fluss der Dinge packen
Bitte lass mich nicht vor Aufgaben ertrinken
Bitte lass mich nicht an der Gewohnheit erblinden

Leistungsstark und formgerecht
Menschliche Werte und Liebe – bleibt bitte echt
Wir leben alle nur dieses Leben
Und wir sind nicht der Macher Eigentum und Knecht

Renne nicht im Tunnelblick zum Ziel
Sei umsichtig, sonst verlierst du womöglich viel
Denn im Leben steht mehr als nur der Erfolg –
Nämlich auch dein Glück mit auf dem Spiel

Auf Der Suche Nach Dem Glück

Finde ich im Leben
Wirklich jemals Glück
Oder suche ich vergebens
Und finde nicht mehr zurück

Woher weiß ich
Ob das Glück denn ewig hält
Woher die Garantie
Ich habe genug bestellt

Ist das Glück
Vielleicht schon greifbar nah
Ist es um mich herum
Und ich stehe einfach nur so da

Ist das Glück vielleicht ja zu erkennen
Und ich kann es einfach nur nicht sehen
Bewege ich mich um es zu suchen
Während wir gemeinsam schon lange gehen

Das Glück ist doch oft sehr nah
Nur vermuten wir und denken
Für uns ist keines da
Oft beim Aufstehen, beim Sonnenstrahl
In diesem Augenblick
Wenn unsere Seele sich erfreut
Genießen wir doch unser Glück

Heimat

Grenzenlos
Die gefühlte Ewigkeit
Wo ist die Heimat
Bei all der Vergänglichkeit

Die Heimat
Ort von Schutz und Halt
Der Ort der Zuflucht
Wenn es dunkel wird und kalt

Die Heimat
Die Heimat
Die trägst du tief im Herzen
Wo Freude wird – aus allen Schmerzen

Die Heimat
Die Heimat
Die trägst du tief in dir
Wie ein Bild tief in deiner Seele
Die Heimat trägst du tief in dir

Bei so vielem was kommt
Ist auch vieles was geht
Doch die Heimat ist der Ort
Wo die Nadel immer Richtung Norden steht

Heimat ist da – wohin dein Herz dich leitet
An jedem Ort an dem es schlägt
Denn die Heimat ist der Ort in deinem Herzen
Wo immer es dich auch hinträgt

Bilder und Erinnerungen
Sie schmücken deine Heimat
Schließe die Augen
Und du wirst sie sehen – wunderbare Heimat

Sternenstunde

An manchen Tagen ist mir alles hier zu viel
Ich nehme nichts mehr wahr nur ein Gefühl
Dass ich mich spür und doch nicht leb
Dann schalte ich ab mache dicht und singe ein Lied

Tiefer Kratzer auf der Haut
Narben zeichnen den Verlauf des Lebens
Innerlicher Untergang – schmerzerfüllte Wunde
Ich gehe weg lasse alles zurück – Sternenstunde

Sternenstunde – Sternenstunde
Ich spüre, dass ich lebe - dass ich meine Wege gehe
Sternenstunde – Sternenstunde
Ich atme ein und aus - ich spüre, dass ich schwebe
Singe hier mein Lied und weiß, dass ich alles gebe

Wie oft wurde ich schon zurückgelassen
So Vielen anvertraut die mich wieder verlassen
Narben bleiben auf ewig in Herz und Seele
Kratzer auf der Haut verblassen und vergehen

Oft verwundet in so mancher Schlacht
Sah den Himmel voller Sterne in tief dunkler Nacht
Nichts mehr gefühlt mich hat nichts mehr berührt
Ich war wie leblos doch dann sang ich mein Lied

Hinter mir liegen Scherben Staub und Dreck
Auf den Straßen wird gekehrt doch in mir wischt man es nicht weg
Ich wollte viele Wege nie gehen die ich einst ging
Doch das Leben fragt dich selten nur wo willst du hin

Ich komme aus längst vergangener Zeit
Alles was ich hatte waren Tränen Schmerzen und Leid
Die letzte Kurve – den Bogen noch gekriegt
Ich war fast weg vor dem Sturz sang ich dieses Lied

Lachen Wenn Es Nicht Zum Weinen Reicht

Es ist wieder mal so ein Tag
Geht weder vor noch zurück
Der letzte Planet explodiert
Auf dem war das Quäntchen Glück

Es fällt nur noch Regen
Weit und breit kein Sonnenschein
Du hüpfst über die Straße
Und fällst in die Pfütze rein

Du könntest weinen
Doch es kommen keine Tränen
Kein Hoffnungsschimmer
Die Leere wird gelangweilt gähnen
Keinen Trost gespendet
Der letzte Stern von deiner Seite weicht
Was bleibt dir übrig
Lachen – wenn es nicht zum Weinen reicht

Der letzte Tropfen auf dem heißen Stein
Die Stimmung ist bleich
Des Clowns Grinsen ist verschmiert
Lache wenn es nicht zum Weinen reicht

Es ist wieder mal so trübe
Der letzte Schimmer verliert den Glanz
Ich gehe unter
Steck mit dem Kopf komplett im Sand

Die Jahreszeit

Wie das Laub von den Bäumen fällt
Wie ein Blatt im Wind verweht
Wie der Herbst durch die Felder fegt
Ist wie mit der Liebe denn sie kommt und geht

Wie der Ast und das Gezweig pfade wird
Wenn die Äste morsch werden und brechen
Wir im Herbst auf den Sommer warten
Vergleichsweise kann man auch von Liebe sprechen

Unser Leben ist wie die Jahreszeit
Gefühle leben wir am Tag
Die Sehnsucht kommt in der Nacht
Freuen uns heute Abend – wenn Morgen ein neuer Tag
erwacht

Wir werden älter in diesem Lebenslauf
Werden wie das Wetter hart und rau
Wir verlieren unsere Vergangenheit
Doch sind glücklich über das was uns bleibt

Bei Uns

Sommer, Frühling, Herbst
Auch der Winter
Alles kommt und alles geht
So wie immer

Knospen blühen, Blumen wachsen
Lauf der Zeit
Das Leben lebt, fragt dich nicht
„Wie geht's – bist du bereit"?

Und ich denke so
So oft an dich zurück
Ich weiß, dass du gegangen bist
Ich werde noch verrückt
Kein Trost zu finden, in keinem Wort
Auf dieser Welt
Ich kann den Zeiger nicht zurückdrehen
Meine Träne sie fällt

Dieser Wunsch, dass du noch hier wärst
Bei uns
Dieser Wunsch bleibt auf ewig Wunsch
Er bleibt verwehrt

Es ist wie es ist, wir ändern nichts daran
Lauf der Zeit
Trost ist, dass wir alle einmal gehen, hoffentlich –
Dann wieder vereint

Frühlingserwachen

Das Wintermärchen
Es ist ausgeträumt
Das letzte Eis
Das ist aufgetaut

Das Leben ist wiedererwacht
Es blüht in seiner ganzen Pracht
Es hat im eisigen Tiefschlaf –
Die letzte Zeit verbracht

Die Sonne scheint
Das Leben blüht auf
Ich mache mich auf den Weg
Ich breche zu etwas Neuem auf

Wer bleibt stehen
Wer geht mit
Vertraue dem Leben
Und es bringt dich zurück

Die Sonne strahlt
Die Sonne scheint auch für dich
Lass sie zu und atme ein
Sie zaubert dir ein Lächeln ins Gesicht

Abendhauch

Die letzten
Sonnenstrahlen verblassen
Der Sommer
Zieht langsam davon

Die Tage
Werden kürzer und auch
Etwas kühl ist
Der Abendhauch schon

Die Windstille
Wird langsam
Aber gänzlich
Zur Windeseile

Denn abends wird's
Früher dunkel
Sonnenlicht bleibt für
Nur noch kurze Weile

Wind fegt
Wolken ziehen auf
Die Vögel machen sich
Richtung Süden auf

Wie die Jahreszeit
Sie kreist
So geht auch das Leben
seinen stetigen Lauf

Kalenderblatt

Das Kalenderblatt ist dünn geworden
Der letzte Tag im Jahr ist angebrochen
Wieder ein Kapitel im Leben geschrieben
In den letzten 52 Wochen

Es hat gekostet an Mut und Blut
Tränen und Schweiß
Es war neblig und windig
Bis zum Sonnenschein

Freude und Trauer
Von kurzer oder langer Dauer
Mal Hitzeschlag
Mal Graupelschauer

Doch lass dir deine Wege nicht verregnen
Höre nicht auf zu träumen
Habe keine Angst denn wenn du wirklich lebst
Gibt's für dich nichts zu versäumen

Höre nie auf zu träumen
Du kannst alles schaffen – gebe niemals deine Träume
auf
Du bist niemals allein
Denn die Anderen träumen auch – ja sie träumen auch

Ein ganzes Jahr beendet
Ein ganzes Jahr beginnt
Höre stets auf dich selbst
Sei die Feder im Wind

Freunde dieser Text geht an euch
Strahlt wie die Sonne – auch im Regen
Tragt die Freude durch jede Dunkelheit
Ich wünsche euch von Herzen alles erdenklich Gute
Auf ein neues Jahr – auf eure Ziele und die Träume
eurer Zeit

Bei Dir

Wer weiß schon ob es für immer hält
Doch wir waren für einander da als unsere Welt zerfiel
Beide viel erlebt und wo wir uns fanden
Dort sprach der Verstand mit dem Gefühl

Nun gehen wir gemeinsam
Einen Teil von unserm Weg
Sind füreinander da
Solange und so gut es eben für uns geht

Du wächst mir ans Herz
Wirst langsam echt ein Teil von mir
Bin ich mal ohne Pause und am Stocken
Darf und kann ich landen jederzeit bei dir

Du bist da an meiner Seite
Wenn ich mit den Flügeln wieder schlage
Und wenn mir mal das Fallen droht
Fängst du mich auf in deinen Armen

Es ist in Worten kaum zu beschreiben
Was dort zwischen dir und mir geschieht
Es fühlt sich richtig und geborgen an
Als schriebe ich meines Lebens bestes Lied

Das Kribbeln im Bauch und das Herzpochen
Auf so etwas dachte ich falle ich nicht mehr rein
Doch bei dir habe ich dieses Gefühl
Es ist real – es ist tief in mir und mein

Es ist echt und fühle es so nah
Schwer zu begreifen doch es ist wahr
Ist das die Liebe die wächst und entsteht
Ist, dass das Gefühl wofür man kämpft und lebt

Das Leben

Das Leben ist so vertraut
Und doch manchmal so fremd
Alle scheint so fließend
Und doch gibt's Dinge wo es klemmt

Verrückt und entzückt
Sonderbar und einzigartig
Lebensmut und der Tatendrang
Am Ende wollen wir sagen können – es war schön gelebt
zu haben

Kleinigkeiten die zu Großem werden
Aus dem Nichts kann alles einmal entstehen
Alles was du willst kann sein – musst nur entscheiden
Deinen eigenen Weg zu gehen

Vieles kann man beginnen
Manches ja – wird auch enden
Doch nur wer wagt zu tun
Kann sich erfreuen über sein Gelingen
Wo Gedanken blühen und sprießen
Werden Werke geschöpft
Und du darfst dein Resultat
Schätzen und genießen

Freude die du sendest auf der Reise
Zu dir selbst
Kommt in dein Herz zurück und hilft dir auf
Wenn du mal fällst

Vor Jedem Entscheid

Das Leben ist einfach
Wenn man die Wege alleine geht
Das Leben ist einsam
Wenn niemand an der Seite steht

Helligkeit bestrahlt
Alles erhellt im Glanz
Doch im Dunkel sind es Schatten
Die du nicht erkennen kannst

Nichts ist immer wie es scheint
Bedenke vor jedem Entscheid
Es wurde schon viel getan
Was man hinterher bereut

Große Werke entstanden, aus jeder Kleinigkeit
Wie hoch ist der Einsatz, wozu bist du bereit
Die Hoffnung, der Glaube ans Gelingen
Von hier bis wohin kannst du es bringen

Beschütze die Dame und der König steht in Flammen
Opfere deine Bauern und du wirst zum Narren
Stehst du als Bettler vor dem König dann
Beginnt des Tölpels Leben gewöhnlich dann

Turm, Springer, Läufer, Bettler, Penner, Säufer
Prinz, König, Edelritter, Schmerzens Leid ist tränenbitter
Zückst du Schwert oder Schild, bist du zum Siegen
gewillt

Bist du Verlierer mit Stolz und Mut,
trägst deine Würde unter dem Schmerz der Wut

Glänzend – Schach Matt
Nah – ging mir fern ab
Köpfe rollen wie sie sollen
Es fällt das letzte Blatt

Gegen Den Wind – Gegen Den Strom

Keine Angst mehr vor dem Morgen
Und vor dem was morgen kommt
Ich sage der Angst endgültig ade
Habe es endlich erkannt, weil ich es versteh

Du musst dein Leben leben
Du darfst es nicht verschieben
Denn ist es erst zu spät, fragst du dich
Wo ist die Zeit geblieben

Manchmal ist das Leben gemein
Tut mir leid, wenn ich es so sage, vieles läuft im Kreise
Als könntest du weglaufen
Auf irgendeine Art und Weise

Nichts läuft wie es soll
Und überhaupt nichts richtig
Doch alles vergeht, wird vergessen
Und es ist nicht mehr wichtig

Musik macht mich frei, sie beflügelt mich
Sie bringt mir im tiefsten Regen, meinen Sonnenschein
Ich fühle mich mit ihr wohl, sie kann mir so viel geben
Ich muss sie hören und spüren, sie ist mein Leben

Und ich singe so laut wie ich nur kann
Fange immer wieder von vorne an
Gegen den Wind, gegen den Strom, gegen jede Regel
Gegen die Gewohnheit, fang an zu leben, setz die Segel

Atme tief durch, lebe deine Zeit
Bis du spürst, was Leben heißt

Es mag sein, Liebe macht blind, Kohle macht frei
Was im Leben jedoch zählt, genieß deine Zeit
Gelegenheit macht Diebe, wir suchen ständig neue Ziele
Was am Ende wirklich bleibt, zeigt sich mit der Zeit

Zweite Haut

Auf deinen Wegen liegt Ast und Gestein
Manchmal ist jemand an deiner Seite – doch oft bist du allein
Während deines Werdeganges hast du schon viel eingesteckt
Manche Rechnung beglichen – gingst immer weiter von dir weg

Die gute Kinderstube – die Erziehung und die Kinderzeit
Alles war so friedlich still doch dies ist nun vorbei
Ich habe eine weiche Schale doch im Innern einen harten Kern
Eine zweite Haut ist mir gewachsen denn härter kommt es mal allzu gern

Die zweite Haut ist rissig – vernarbt und auch verwundet schon tief
Auch salziges Wasser ist – was an ihr schon herunter lief
Von so manchen Nächten und Kämpfen am Tag
Raues Leben eine eisige Kälte – mit der Zeit wurde ich stark

Konsequenzen deiner Erfahrungen
Sie werden dich von nun durchs Leben tragen
Denn auf deinen Schultern lastet schon genug
Ein Päckchen – auf dem all den Wunden und den Narben

Das Leben ist ein schönes doch ist der Weg manchmal steil
Und wenn man zu ersticken droht schnappt man nach einem Rettungsseil
Weiche Schale und ein harter Kern so bin ich ganz im Innern
Konstant und konsequent ist das Feuer welches in meiner Seele brennt

Männerherzen

Seit wir uns begegnet sind
hat das mit uns, es mir echt angetan
Nun stehen wir vor dem Ungewissen
ich wollte, dass es nie wieder, so wie es nun ist kam
Leider bin auch ich nur ein Mann
Der auch nur versucht, ob er lieben kann
Hab mein ganzes Herz an dich verschenkt
Trotz Zweifel der Vernunft, merk ich wie es an dir hängt

Auch Männerherzen können brechen
Wenn sie auch immer so den Starken markieren
Sie würden niemals drüber sprechen
Vielleicht aus Angst sich zu verlieren
Auch Männerherzen sind groß und zart
Ob sie es sagen oder nicht, die Seele sie ist tief
Es gibt keinen einzigen Mann
Dem nicht schonmal mindestens eine Träne lief

Jeder Mensch der wirklich liebt
Weiß auch, wie die Liebe sich anfühlt
Manchmal ist sie da und nah
Sogar mal heiß – doch aber auch kalt und leer
Sie ist so wie ein Bild
Bestehend aus den Farben Schwarz und Weiß
Warum kann ich manchmal
Nicht einfach glücklich sein
Lastet alles, so schwer
Auf meinem Herzen wie Fels und Stein

Zusammengefunden

In der Zeit
Wo das Leben Früchte trägt
Wo das Herz
Im Takt der Liebe schlägt

Zusammengefunden

Füreinander da gewesen
Immer eingestanden
Manchmal ohne Worte ohne Reden
Gleich verstanden

In gemeinsamen Stunden

Immer und jederzeit
Aufeinander gebaut
Bei Regen und Sturm
Stets der Sonne vertraut

Ich liebe dich

Die Wege gemeinsam bestritten
Wie weit sie auch waren
Der Bestand das Geschaffene
Erhalten in so vielen Jahren

Du bist alles für mich

Liebe Meines Lebens

Ein gutes Herz
Tief verborgen und umklammert
Von Kummer und Leid
Von so viel Schmerz

Wundgelebt
Denn so lange gelitten
Das Gift injiziert
In die Haut und sanft über die Lippen

Ich liebe meine neue Liebe
Fühle und lebe mit vergangen Schmerzen meiner Zeit
Ich lebe meine Art und Weise
Als brennen 1000 Kerzen und in Flammen steht mein
ganzes Leid

Ich kippe Benzin tief in meine Wunde
Bis ich frei bin und
Komplett geheilt bin dies wird und ist die
Neugeburt der Stunde

Meine Liebe ist da und mir sehr nah
Sie muss ein Engel sein
Den ich zuvor in meinem ganzen Leben
Noch nicht sah

Sie lässt mich atmen und frei sein
Sie ist da, wenn ich einsam und alleine bin
Sie ist die Liebe meines Lebens, weil ich es fühle
Weil ich weiß ich bin mit ihr eins

Untergang ein Aschenflug
Dann doch der Neubeginn
Du bist der Ort an dem ich sein kann
Und für immer bis ans Ende meiner Zeit bleiben will

An Meiner Seite

Über den Lichtern der Stadt
Geht mein Blick hinauf zu den Sternen
Ich halte deine Hand in meiner
Auf dass es noch viele Jahre werden

Manchmal atme ich den Staub der Straßen ein
Denke mir halte das alles nicht mehr aus
Doch du bist dabei – dass ich dich gefunden habe
Grenzt schon an der Zauberei

Ich sehe durch dich
Alles in einem anderen Licht
Wo es dunkel war in jeder Ecke
Leuchtet nun wieder Zuversicht
Mein Lauf durch die Straßen
Durch die regengefüllten Pfützen
Mein Gang auf die Bühne – es scheint so als ob
Gott dich mir schickte – einen Engel um mich zu
beschützen

Dass wir uns trafen
Kann niemals Zufall gewesen sein
Für so ein großes Wunder wie mit dir
Ist mein Leben doch viel zu klein
Doch du bist an meiner Seite
Wie ein Engel der nicht von mir weicht
Ganz klar erkenne ich und fühle es
Es beginnt eine neue Lebenszeit

Meine Liebe Mein Wort

Was ich hasse und was ich lieb´
Was ich lass und was ich gib´

Ich kann in 1000 Teile
Zerschmettern und zerbrechen
Doch mein Herz und mein Wort
Meine Liebe zu dir ist mein Versprechen

Und wenn sich auch
Die ganze Welt
Bis zum letzten, bis zum Rest
Gegen mich aufstellt

Auch wenn ich tief
In die Knie gehe
Wenn ich am Ende auch da
Allein gegen den Rest stehe

Meine Liebe, mein Wort
Ist dein zu Haus unser Ort
Meine Liebe zu dir, ist wie die deine zu mir
Gemeißelt in Stein und wie Tinte auf Papier

Welche Wege wir auch gehen
Welchen Zeiten auch entgegen
Wie stark der Wind auch stürmt
Auf meine Liebe werde ich schwör´n

Mögen Monumente fallen
Mögen Baum und Ast auch brechen
Jedes Wort kommt von meinem Herzen
Meine Liebe zu dir ist mein Versprechen

Meine Liebe mein Wort
Unser zu Haus unser Ort

Wer Dich Wirklich Liebt

Wer dich wirklich liebt
Akzeptiert dich so wie du bist
Wer wirklich bei dir sein will
Findet okay so wie es ist

Wer dich wirklich von Herzen mag
Geht mit dir durch den Sturm der Zeit
Wer dich nicht mehr verlieren will
Sagt JA für den Rest deiner Lebenszeit

Wer wirklich an dich glaubt
Hält immer zu dir
Wer dir wirklich vertraut
Schließt dir niemals die Tür

Wer dich wirklich über alles liebt
Bleibt an deiner Seite
Egal was auch passiert
Für immer im Leben bis das der Tod euch scheidet

Glaubst du an die Liebe
Glaubst du an das Glück
Gib ihr eine Chance
Lass vergangenes zurück

Engel

Ich würde dir gern geben
Was du brauchst
Alles was dich glücklich macht
Dich wieder aufbaut

Strophen, Reime
Nur für dich all die Zeilen
Will gern der sein
Mit dem deine Wunden heilen

Ich war selbst schon am Boden
Auch schon verloren
Narben und Wunden
Habe an nix mehr geglaubt, doch dich nun gefunden

Bist du mein Wunder
Mein Engel in der Not
Warum bin ich so froh, dass es dich gibt
Lass uns fliegen ins Abendrot

Schlag mit den Flügeln
Atme dein Leben ein
Du bist etwas besonderes
Du kannst nur ein Engel sein

Zeitgeschehen

Zeitverlauf
Große Dichter und Denker
Was lässt man hier zurück auf dieser Welt
Berühmtheiten und ihre Werke
Zeitgeschichte - Zeitgeschehen
Was vergeht und was bleibt bestehen

Der Zeiger tickt im Stundenlauf
Leis und stetig macht er sich auf
Alles geschrieben von Meisterhand
Literatur – Sprachwerk ein breiter Band

Geschichten und Begebenheiten
Alles auf Papier
Es sind und bleiben
Die Bestände jener Zeiten

Die Tinte auf dem Blatt getrocknet
Fein säuberlich die Linien gezogen
Die schönsten Worte in Reim und Vers
Was hat den Dichter dazu bewogen

Die Kunst verfasst in Wort und Schrift
Das Schreiben doch etwas feines ist
Die Grammatik und des Wortes Schatz
Im Buch und Band geblieben ist

Immer aufs Neue Worte finden
Wortspiele und Worte in Poesie verwenden
Begnadete Kunst und Gabe
Woran wir bei all den Dichtern denken

Auf Schwingen und auf Wolken
Dort ist so mancherlei entstanden
Werke für die Ewigkeit
Wofür wir uns – bei ihnen doch bedanken

Ein Stückchen Zeit

Wenn ein Stückchen Zeit
Hinter dir liegt
Lass sie zurück
Wenn sie dir nichts mehr gibt

Wenn alles das
Was mal war im Schatten steht
Dann sei bereit
Vor dir liegt ein neuer Weg

Nimm dich selbst bei der Hand
Stehe zu deinem Wort
Du machst deins so ist es richtig
Von hier bis da – zum nächsten Ort

Menschen Bilder und Emotionen
Verblasste Zeiten
Menschen die nicht mit dir gehen
Sind kein Teil von deinen neuen Seiten

Was lange währt
Wird mehr als gut
Es ist deine Zeit
Pack die Koffer und den Hut

Zum letzten Blick das letzte Wort
Abschied naht ein kleines Lied
Was zurück bleibt
Ist was nicht mit dir zieht

Der Beginn einer neuen Reise
Manche gehen mit andere gehen still und leise
Es weht ein frischer Wind
Auch in deinem Geiste

Wo Keine Scheint

Zurück zu verschlafenen Träumen
Dinge waren auf Eis gelegt
Wieder aufgewacht in dunklen Räumen
Denn es hat sich etwas bewegt

Träume die man hat
Vergisst man nicht und sterben nie
Sie brauchen Zeit zum Wachsen
Das Erreichen – erfüllt einen mehr als Kohle und Kies

Geh raus und lebe dich aus
Mach dein ganz eigenes Ding
Lass dich nicht in Ketten legen
Denn sie versuchen dich einzufangen

Lass dich nicht bremsen
Mach dich auf deinen Weg
Und wenn er auch endet
Dann fang auf einem Neuen an

Jeden Tag mein Freund geht's hin zur Sonne
Es liegt an dir wo keine scheint musst du sie sein
Lebe wofür du träumst nur wer Mut hat der hat
gewonnen
Es liegt an dir sei die Sonne – wo keine scheint musst du
sie sein

Der Mittelpunkt

Stelle ich mich in den Fokus
Der Mittelpunkt im Rampenlicht
Denke ich nur an mich
Bin ich ein Egoist

Wo kam ich meines Weges ab
Ich spüre, dass etwas verändert ist
Gut oder schlecht
Ich weiß es nicht

Wo auf meinem Weg
Kam da die Veränderung
Ich spüre sie
Ich suche nach dem Grund

Mittelpunkt
Figur im Scheinwerferlicht
Schatten der die Sonne bricht
Was bin ich, was bin ich

Was ist geworden
Was ist geschehen
War nicht immer alles so
Wie ich die Dinge sah

Was ist verändert
Habe ich etwas nicht gesehen
Oder ist immer noch alles so
So wie es schon immer war

Ist alles seltsam und verrückt
Ist die Welt immer noch dieselbe
Laufe ich und renne ich
Doch komme nicht mehr von der Stelle

Grundgestein

Neue Ideen eine neue Struktur
Andere Ziele – erschaffene Kultur frei von allem
Um für alles frei zu sein
Weisheit und Gerechtigkeit gemeißelt auf tiefem
Grundgestein

Wer sind wir gewesen
Wie wurden wir im Laufe unserer Zeit
Was haben wir getan – vieles um zu vergessen
Doch auf Papier steht unser aller Vergangenheit

Das Hier im Jetzt
Damals und heute das Gestern war
Es kommt ein neuer Morgen
Jeden Tag erneut gestalten so ist es Jahr für Jahr

Tief im Innern unserer Seele
Da ist unser Grundgestein
Wer wir werden – wer wir sind
Fühlen mit unserem Herzen rein

Neue Ufer erreichen das eigene Selbst
Bestimmen in unseren Zeiten
Auf dem Weg in Richtung Sonne
Um der Dunkelhit zu entgleiten

Es gibt noch so viel mehr da draußen
Grenzenlose Ferne und endlose Weiten

Wohin geht es noch unseres Weges
Unsere Gedanken sie sind frei
Zu erreichen ist – alles was wir fühlen
Was wir denken also sei dafür bereit

Ganz gleich wie lange der Weg auch war
Scheint er auch noch lange weit

In Welcher Ferne

In welcher Ferne
Stehen heute die Sterne
Sag mir an welchem Platz
Liegt der größte Schatz
Für wen oder was – habe ich das Erreichte bisher
Wirklich gemacht

Wollte ich mir oder der Welt
Irgendetwas erweisen
Es Gedanken die mich befallen
Die in meinen Bahnen kreisen

Glücklich und zufrieden sein
Dies ist doch unser Ziel
Tag ein und Tag aus –
Gehe deinen Weg zum Glücklich sein

Vollbringe dein Tun mit Herz
Dann kommt Erfolg und der Rest
Von ganz allein

Lass Tränen laufen, wenn es sein muss
Sei überwältig deines Glückes
Das große Leben ist –
Deiner Wegen Stückes

Einzigartigkeit

Dein Leben ist dir
Stetig dir allein
Du bist du
Du wirst es immer sein

Du bist dir
Du bist was dir bleibt
Bis ans Ende deiner Zeit
Bist du deine Einzigartigkeit

Bei allem was kommt
Geht oder bleibt
Bis ans Ende deiner Zeit
Bist du immer du selbst
In deiner ganzen Einzigartigkeit

Lebe dich selbst
Fühle dich selbst
Atme das Leben
Liebe dich selbst

Zu jeder Zeit
Du ganz allein
Lebst deine
Einzigartigkeit

Wolkenbild

Hörst du manchmal den Wind
Wenn du leise bist
Kannst du hören was er dir singt

Siehst du manchmal zum Wolkenbild
Wenn du dorthin schaust
Fühlst du auch, dass wir frei sind

Lauschst du manchmal dem Fluss
Dem Rauschen der Sinne
Gedanken fließen und kennen keinen Schluss

Fühlst du manchmal den Sturm der fegt
Der auch in dir pulsiert
Der dir zeigt, dass dein Leben lebt

Erkennst du manchmal den Funken der zischt
Schlagen Flammen in dir
So stark wie das Feuer, das nicht erlischt

Auch du ist ein Teil dieser Erde
Kommende und gehende Momente
Wasser, Feuer, Luft, Erde und Wind
Auch in dir sind diese Elemente
Schau auf das Wolkenbild
Sieh was das Firmament die zeichnet
Alles was du sehen kannst
Ist der Moment im Augenblick deiner Zeiten

Existenz – Ewiges Leben

Ich spreche in Versen
Schreibe hier in Reimen
Was ich gerne teilen möchte ist
Sprache und Gedanke zu vereinen
Wahrhaftigkeit ist wahr
Nichts bleibt jemals wie es war
Die Zeit sie tickt
Dinge verändern sich
Wir gehen mit dem Lauf der Zeit
Fragen sind was von uns jemals übrig bleibt
Wir kommen und wir gehen
Das ist der Lauf des Lebens
Leere – Nichts
Dunkelheit – Paradies und ewiges Leben

Was ist, wenn
Nach dem Ende ein neuer Anfang kommt
Ewiges Leben existiert
Dich und mich wieder vereint während am Horizont
Die Sonne scheint
Gibt es da draußen ewiges Leben
Scheint dort für alle Ewigkeit das Licht
Kommen wir zurück auf diese Welt
Neugeboren – oder fallen wir ins Nichts
Was ist, wenn nach dem Leben
Ein neues Leben beginnt
Wenn die Dinge für uns nie enden
Und die Sonne neues Leben bringt

Seelengold

Hohe Spannung - weite Wellen
Getragen vom Fluss des Stroms so weit
Die Wiederkehr ist ungewiss
Dies allein zeigt uns die Zeit

Alles geht seinen Gang
Alles ein Teil vom Zeitverlauf
Das Wasser fließt den Berg ab
Und die Sonne geht wieder auf

Im Prinzip bleibt alles beim Alten
Nur Situationen ändern sich bei Tag
Dinge verlaufen immer wie sie es tun
Solange man nichts ändern mag

Ich will Zeit und ich will Freiheit
Ein Stück vom Seelengold
Einfach wieder leben was ich bin
Mehr habe ich nie gewollt

Still Und Leise

Was liebe ich im Leben
Was liebe ich an der Zeit
Liebe ich das Neuentdecken
Oder das was ewig bleibt
Vergänglichkeit und Beständigkeit
Es vergeht die Sekunde es eilt die Zeit
Neue Wege und langer Abschied
Traurig und zugleich bereit
Wir streben nach einer langen Reise
Doch haben Einsamkeit im Herzen
Reden nicht darüber
Schweigen ganz still und leise
Leben ist jetzt
Die Geschichte in Jahren
All das Gute müssen wir
In uns aufbewahren
Die Zeit – unsere Zeit
Leider ist sie für jeden begrenzt
Doch jeder neue Augenblick
Ist was die Freude in uns ergänzt
Zeit ist manchmal
Nur ein Fingerschnips
Ab und zu auch
Ein Kinkerlitz
Manchmal ist sie mehr als kostbar
Manchmal zu lange oder vergeudet
Schätze jeden deiner Tage
Bis zum letzten Mal die Glocke läutet

In Dir

Sehe dein Leben nicht als selbstverständlich
Egal was du tust – tu es intensiv
Denn deine Zeit ist nicht unendlich
Du tust alles für dich – entscheide positiv

Du lernst für dich
Für Keinen sonst
Lass dich nie im Stich
Denn Mitleid gibt's umsonst

Leb dein Leben
Glaube fest daran
Träume wurden dir gegeben
Sie werden wahr irgendwann

In dir geht nichts verloren
Alles bleibt in dir –
Manchmal wirst du neu geboren
Und in dir wächst die Lebensgier

Das Verlangen nach Freude
Zum Glücklich sein
Begleitet dich heute so wie morgen
Im Wettlauf mit dem Sonnenschein

Hoch So Wie Die Bäume

An manchen Tagen blicke ich zurück
Schaue mich im Spiegel an
Ich möchte von dem was war
Nicht das kleinste Stück zurück

Viel ist geschehen, viel durchlebt
Vieles im Leben habe ich eingesteckt
Ich war so oft selbst schuld daran
Es läuft nicht immer alles nur gerecht

Ja ich bin größer geworden
Ja und älter bin ich heute auch
Wenn ich heute die Dinge betrachte
Schaue ich nun anders auf sie drauf

Habe wirklich keinen Nerv mehr
Mich im Leben mit allem herumzustreiten
Ich wurde klüger in all den Jahren
Sinnvoller vergnüge ich mich nun mit den Zeiten

Ich habe in mir, so viel mehr Platz
Für neue, große, bunte Träume
Wenn sie, sie mir zerstören wollen
Wachsen diese hoch, so wie die Bäume

Bis Eine Neue Zeit Erwacht

Altbekanntes Land in neuvertrauter Zeit
In frischer Farbe und neuem Glanz gestrichen
Die Spuren seit eh und je sind verdeckt
Mit der Dunkelheit sich am Vermischen

Wohin führt der Weg, wo hat der alte geendet
Das Rennen gegen die Zeit, ist was niemals endet
Neue Konzeptionen, Wurzeln wachsen im Boden
Blatt das liegt, Zeit dass es sich wendet

Wo ist der Herrscher von Licht und Gerechtigkeit
Ist vieles noch zu ändern, oder sind wir schon zu weit
Wo ist der Kompass, wo der Weiser des Weges
Vieles ist schon verloren, die Tatsache belegt es

Erwarte ich zu viel, erwartest du, dass ich den Zepter
führe
Die Wahrheit belege, die Lüge vollständig zerstöre
Was glaubst du, liegt in meiner Hand und meiner Macht
Denkst du, dass ich mir keine Sorgen mach

Sterne tanzen in der Nacht
Der Vollmond diese Erde bewacht
Bis die Sonne wieder aufgeht
Bis eine neue Zeit erwacht

Schnipsel

Es sind alles Schnipsel
Alles Schnipsel in meinem Kopf
Ich trage sie vom Geiste zu Papier
Vielleicht sprechen sie dich an
Vielleicht verstehen sie dich
Ja vielleicht sogar, helfen sie dir

Wenn du oft alleine bist
Du denkst nichts geht mehr weiter
Wenn du alle reden hörst
Du wirst so oder so doch scheitern

Lass sie alle reden
Denn sie reden sowieso
Geschichtenerzähler und Märchenerfinder
Sie gestalten dein Leben interessanter
Es ist halt so, sooo – woohooo, woohooo
Lass sie alle reden
Denn sie reden und tun doch nix
Ihr eigenes Leben frustet sie
Es ist halt so, sooo – woohooo, woohooo

Auf alles was sie reden
Auf alles was sie auch sagen
Setzt ein nettes Grinsen auf
Zeig ein Kussgesicht
Ein Grußgericht
Streck deinen Daumen raus

Abschied Trennung Veränderung

Zeit - es ist die Zeit
Im Rausch des Bewusstseins
Gegen die Vergänglichkeit
Auf dem Flug Richtung Unendlichkeit

Zwischen Abschied
Trennung und Veränderung
Treiben wir auf den Höhen und Tiefen
Dieser Wellen herum

Abschied klingt so endgültig
Bringt auch neues – eine Veränderung
Gestalten Raum und Zeit
Gedanken von Erneuerung

Trennung
Teilt was einst der Fügung bestimmt war
Durch Veränderung – bleibt der Erinnerung
Alles was mal geschah

Das Leben besteht aus
Abschied Trennung und Veränderung
Dies ist ein Bestand
Darum hängen wir – an der Erinnerung
Ist einer der Wege zu Ende
So hat die Zeit einen Neuen eingeschlagen
Trage was du erlebt hast in deinem Herzen
Es wird dich immer weiter durch die Wellen tragen

Gedankenklausel

Schattenfelder
Mal bunte Wälder
Regenwolken ziehen
Hin zur Sonne fliehen

Dunkler Horizont
Sei Licht, in dem sich dein Tag sonnt
Schatten und Dunkelheit
Schalte ab, mach die Gedanken frei

Mach dir keine Sorgen
Immer wieder kommt ein neuer Morgen
Fehler macht jeder
Sei fröhlich und denke nicht schon wieder

Lebe mal ohne Gedankenklausel
Fühle mal ohne einer Verkettung, ohne Zwang
Nute mal langsam viel mehr aus
Lass ihn zu, den Taten- und den Lebensdrang

Sei der Mittelpunkt
Lass den Zirkel kreisen
Alles was so da geschrieben steht
Kannst du mal zerreißen

Kaue keinen Beton
Kaue keinen Stein
Öfter mal zum Wohlbefinden reisen

Echte Tränen

Wie viele Freunde
Nennen dich bei deinem Namen
Wie viele Bekannte
Kreuzten deine Straßen

Wie viele Menschen
Fragen nach dir
Lebst du noch
Bist du noch hier

Wenn es dir schlecht geht
Wie viele fragen – wie geht es dir
Wenn es dir gut geht
Wie viele stehen an deiner Seite bei dir

Wenn du gehst
Für immer diese Erde verlässt
Dann regnet es echte Tränen
Echte Tränen

Echte Tränen unterm Himmelszelt
Echte Tränen – Menschen denen du fehlst
Weil du für das Leben bedeutest
Echte Tränen – wenn die letzten Glocken läuten

Wie viele grüßen dich
Stehen sie aufrichtig zu dir
Kannst du es sagen
Wer steht zu dir

Weinst du bei ihnen echte Tränen
Oder lässt du sie im Regen untergehen
Wie vielen Menschen vertraust du dein Leben an
Bis zum Ende – vom Anfang an

Literarisches Wortspiel – Inhaltssteril

Die Wertigkeit – der Fertigkeit
Weist auf, dass die Fertigkeit
Fern ab dem Wert enteilt
Während kurz nur, die Zeit langweilt
So ist ein nahes Ziel, nun nicht mehr allzu weit

Alles ist im Wortspiel – Inhalt steril
Weniger als nichts
Dies ist schon sehr viel
Gar nichts ist sehr wenig
Weniger, ist manchmal mehr als viel

Wie man es auch dreht und wendet
Wie man es auch legt und wie es endet
Spende Trost
Und der Trost, auch spendet

Wie es scheint, scheint es
Wie es ist
Es scheint, als sei nix klar
Aber dies ist gewiss

Die Sinnhaftigkeit
Ist sinngemäß, sinnbefreit
Alles was fern ist, ist nicht nah
Und nicht nah, das ist weit

Auf Die Goldwaage

Bei Los! Mal stehen bleiben
Bei Stopp! Mal weitermachen
Vor Freude sich nicht mehr einkriegen
Fettes Grinsen und ein Dauerlachen

Bei jedem festen Griff
Mal losgerissen sein
Ein Bier vom Fass
Statt Champagner – Sekt und Wein

Nicht mehr rennen müssen
Schlicht und locker bleiben
Alles halb so schlimm
So wie es kommt muss es nicht bleiben

Ein neuer Tag und ein neuer Start
Neues Leben – „Hey alles klar"!?
Den ganzen Ballast nun abgeworfen
Nicht mehr auf die Goldwaage mit all den vielen Worten

Nicht mehr permanent
Für die Rede und die Antwort stehen
Neue Richtung – neuer Kurs
Andre Wege jetzt mal gehen

Rolle rückwärts und Rolle vor
Nach dem Bergauf geht's steil bergab
Schlafe dich aus solange du es brauchst
Dann greife an und mach nicht schlapp

Spürst du auch es ist an der Zeit
Nicht mehr warten denn du bist bereit
Zeit für neue Schritte und Akzente
Eines steht fest – die Resultate am Ende

Irgendwo Im Leben

Irgendwo im Leben mal begonnen
Irgendwo war der Start
Ein langer – langer Lauf
Irgendwann irgendwo mal geparkt

Alles im Leben es vergeht
Es ist die Zeit die niemals steht
Ein neuer Morgen der beginnt
Ein neuer Song den der Sänger singt

Wir sammeln ein und legen ab
Manches bleibt Erinnerung manches verstreicht
Wir leben und wollen stetig mehr
Neue Ziele gegen die Vergänglichkeit

Der Alltag und die Gewohnheit
Packt uns und schluckt uns – hat uns schnell im Griff
Ich will ein Ticket in Richtung Freiheit
Lege ab mit dem nächsten Schiff

Was ist überhaupt von Wichtigkeit
Wir tun unser Tun zu geforderter Richtigkeit
Wir verlieren uns und unsere Leichtigkeit
Oh wie selig und schön war doch die Kindheit

Zeit Sie Fließt

Die Tür geht auf
Das Licht geht an
Bin ich bereit
Es kommt der Neuanfang

Der Beginn vor dem Anfang
Der Anfang vom Ende
Alles was mir noch bleibt
Schaff ich durch meine eigen´ Hände

Der Zug des alten Jahres
Aus dem ich steige
Voller Freude ins Neue blicke
Vor dem ich mich kurz verneige
Abschiedsfeier
Zu Ende ist das Jahr
Auf das Vergangene
Auf alles was war

Zeit sie fließt
Zeit sie schießt
Immer voll an mir vorbei
Durch die Gedanken – Kopf und Geist

Sie raubt so viel
Dass ich manches Mal
Nicht begreif
Was ich weiß und wie ich heiß

Das Letzte Wird Immer Das Erste Sein

Wenn ein Tag
Die Zeit an die Nacht verliert
Kommt ein neuer Morgen
Das habe ich kapiert

Wenn auch Dinge enden werden
Dann werden neue beginnen
Solange unsere Herzen schlagen
Kann man Augenblicke gewinnen

Das Letzte wird immer das Erste sein
Was ich damit sage – na hör mir zu ich mein
Immer das Letzte einer Episode oder einer Epoche
Bringt wieder Neus – so ist es Woche für Woche

Denn die Zeit sie steht nie still
Und weil das so ist – ist dein Leben
Was täglich neubeginnt

Das Letzte wird immer das Erste sein
Wir stoßen an – was wir fühlen wird unsterblich sein
Das Ende wird immer ein neuer Anfang sein
Was ich dir sage lass es zu – du wirst es fühlen wir
können unsterblich sein

Wenn die Nacht
Ihre Dunkelheit verliert
Beginnt ein neuer Tag
Das habe ich kapiert

Alles ist bunt und farbenfroh
Das Leben lädt dich ein komm lass es zu
Es umgibt dich mit Licht und Wärme
Fühle deinen Geist – du bist das Universum deiner
Sterne

Gibt dir im Leben auch nichts Halt
Du allein gibst ihn dir auf dieser Welt
Solange du dein Retter bist
Fürchte dich nicht auch wenn du mal fällst

Fallen ist keine Schande
Es passiert Jedem einmal
Doch stehe immer wieder auf
Du hast die Macht deiner Wahl

Für Menschen Nah Und Fern

Ich danke all den Menschen
Für die Unterstützung der letzten Jahre
An alle euch in den Reihen
Die da sind und da waren

An all die Menschen da draußen
Die ihre Wege gehen
An alle die ich im Leben
Nur einmal oder immer wiedersehe

Ich habe viel verloren
Doch auch viel gefunden in all der Zeit
Ich hebe das Glas auf euch
Ihr die mit mir geht und da seid

Oft fragte ich mich schon
Für wen oder was ich dies alles schreib
Heute weiß ich es tief im Innern
Jedes Rätsel löst sich mit der Zeit

Ohne euch wäre ich heute nicht hier
Ihr seid der Grund warum ich schreibe ohne euch kein
wir
Wie oft war ich schon an dem Punkt – ich lege das
Schreiben nieder
Doch ich merkte ich lese euch vor und ihr hört mir zu
Das bedeutet mir sehr viel immer wieder

Ich hatte einen harten Weg
Doch ich wollte euch zeigen, dass es immer weiter geht
Ich gehe kaputt oder finde den Weg zur Bühne
Heute bereue ich keinen Schritt – ich schreibe für euch
Mit Wort und Schrift – mit Herzgefühl und Liebe

Gedanken Und Erinnerungen

Was ist geblieben von all den Jahren
Viel ist vergessen, längst begraben
Kein Moment, kein Bild das übrig bleibt
Alles kommt und geht und verfällt der Zeit

Gedanke und Erinnerung
An den der ich mal gewesen war
Ich wurde heut´ zu dem, der ich jetzt bin
Die Zeit verging und alles ist wahr

Jeder Tag, jede Sekunde
Jedes Wort, jede Zeit
Sie bleiben meine Spuren, mein Weg bis hierher
Er war lang und er war weit

Zerbrochenes Glas, Scherbensplitter
Schatten an der Wand
Aus dem Nichts kam ich ins Licht
Geführt wie von befreiter Hand

Kann heute Dinge sehen
Die damals verzerrt waren
Kann nun die Wahrheit blicken
Und sie in mir aufbewahren
Heute kann ich ordnen
Alles was damals vereinzelt im Leben lag
Heute trage ich in mir Freude und ein Lächeln
So begegne ich nun jedem neuen Tag

Der Zeitverlauf

Ich spüre ihn und nehme ihn wahr
Unseres Lebens Zeitverlauf
Und ich steh auf der Bühne und sehe euch
Kribbeln auf der Haut und tief im Bauch

Ich beschreibe die Momente meines Lebens
Greifbarkeit und Einzigartigkeit
Doch für immer kann ich es nicht behalten
Denn am Ende der Zeit, ist das Ende geweiht

Ich lebe und spüre die Momente so wahrhaft
Gefühlvoll live und unbeschreiblich
Ein Leben wie dieses könnte doch bleiben
So unendlich und bitte inhaltlich reichlich

Meine Gedanken, Emotionen
Alle gebracht von Herz zu Papier
Du schönes Leben, ich wünschte
Du würdest ewig brennen in mir

So viele Tage voller Glück
Wärme und das freundlichste Licht
Ja, alles ist im Leben vergänglich
Doch du bist ewig, in diesem Gedicht

Wintertraum

Die Wälder sind eingeschneit
Die Landschaft wirkt wie verzaubert
Überall wohin ich auch schau
Wie im Märchen ein Wintertraum

Die Zeit steht still und alles vom Frost bedeckt
Die Äste knarren umschlossen von eisigen
Schneemäntel
Kinder freuen sich über Schlittenfahrt
Schneemänner und Schneebälle

Es ist die Weihnachtszeit
Sie bringt uns Besinnlichkeit
Sie tritt im wärmsten Gewand vor uns
Doch in ihrem schönsten Winterkleid
Getragen wird es bis ins Frühjahr
Bis nichts mehr von den weißen Flocken übrig bleibt

Still und erstarrt ist für die Weihnachtszeit
Die Hektik und die Schnelllebigkeit
Geschenke die wir von Herzen schenken
Ist was tief im Innern bei uns bleibt

Wir schenken Freude
Liebe und Zeit
All das was dem Alltag so schnell verfliegt
Und uns davon eilt

Ich wünsche euch Freude
Wärme und Geborgenheit
Im Kreise eurer Freunde und den Liebsten
Eine angenehme ruhige Weihnachtszeit

Der Nikolaus Kommt

An den kalten Wintertagen
Erklimmt der Nikolaus den Gipfel
Die Rentiere schieben schon Frust
Dem Nikolaus gefriert den Zipfel

Seines Bartes

Der Sack macht ihm das Gehen schwer
Die Rentiere ziehen eine Schnute
Eisig und längst eingefroren
Ist des Weihnachtsmannes Rute

In seiner Hand

Süßes und Geschenke
Trägt er durch die Gärten in jedes Haus
Jedes Haus frei von Kindern
Die Dame denkt sich schon – was holt er alles raus

Aus dem Sack versteht sich

Der Nikolaus ein guter Mann
Der doch Wünsche erfüllt
Ein weißer Bart und roter Mantel
Der ihn umhüllt

Darunter trägt er nichts

So denkt sich das Fräulein
Wie kam er bloß zu dieser Rute
Liebe und Zufriedenheit
Der will für Fräulein nur das Gute

Frohe Weihnachten

Liebe Leserinnen und liebe Leser,

Sie sind am Ende des ENTGEGEN DER ZEIT – Anthologie Bandes angelangt.
Hiermit ist die Trilogie meiner Serie nun beendet.

Ich hoffe ich konnten Ihnen liebe Leserinnen und liebe Leser wieder einige schöne Momente bereiten, Sie mitnehmen in die Welt der Lyrik, die Welt der Schriftstellerei und letzten Endes, in die Welt – in der wir alle unsere Gefühle leben und definieren.

An dieser Stelle bedanke ich mich bei Ihnen Allen und wünsche Ihnen eine schöne und angenehme Zeit, bis zur nächsten Reise sagt freundlichst Ihr,

Christian Hofmann

Christian Hofmann, geboren am 5.3.1986 in Biedenkopf bei Marburg, schreibt seit dem Jahr 2006 Texte aus dem und über das Leben.

Mit dem letzten Band der Trilogie ENTGEGEN DER ZEIT – Anthologie des Lebens, hat Christian Hofmann einen breiten Band voller Lyrik verfasst.

Themen die in diesem Band beschrieben und thematisiert wurden, sind aus verschiedenen Situationen im Leben entstanden.